神話

Myth: A Very Short Introduction

U0118346

Myth: A Very Short Introduction

神話

西格爾（Robert A. Segal）著

劉象愚 譯

OXFORD
UNIVERSITY PRESS

OXFORD
UNIVERSITY PRESS

Oxford University Press is a department of the University of Oxford.
It furthers the University's objective of excellence in research, scholarship,
and education by publishing worldwide. Oxford is a registered trade mark of
Oxford University Press in the UK and in certain other countries

Published in Hong Kong by
Oxford University Press (China) Limited
39th Floor, One Kowloon, 1 Wang Yuen Street, Kowloon Bay,
Hong Kong

神話

西格爾 (Robert A. Segal) 著

劉象愚 譯

ISBN: 978-019-083227-8

1 3 5 7 9 10 8 6 4 2

目　錄

圖片鳴謝

緒論：神話理論種種

　　請允許我首先說明一點：本書不是講述種種神話，而是闡述神話研究的種種方法，或者說神話的種種理論，並且是限定在現代神話理論的範圍之內。神話理論和神話本身一樣古老，其出現至少可以追溯到前蘇格拉底時代。然而，只是到了現代，特別是19世紀下半葉以來，神話理論才彷彿具有了科學的形態。這是因為，只是從那時以來，才出現了嘗試着提出真正科學意義上的神話理論的種種專門學科：即社會科學諸學科，其中又以人類學、心理學(在較小程度上還有社會學)對科學神話理論的提出貢獻至大。某些社會科學的神話理論之前可能有過類似的形態，但是科學的理論化與早先的理論化還是存有差別的。早先的理論化主要是思辯的、抽象的，科學的理論化則主要建立在材料積累的基礎之上。人類學家約翰·貝蒂(John Beattie)概括了在人類學上兩者間的差別，而他的概括也同樣適用於社會科學的其他領域：

　　正是18、19世紀到非洲、北美、太平洋等地區的傳教士和旅行者所記敘的內容，為19世紀後半葉撰寫

的第一批人類學著述提供了最基礎的原始材料。在此之前當然也存在着[許多思想家的]大量推測，討論人類的制度及其起源……儘管這些思想家的思辨充滿真知灼見，但他們畢竟不是經驗主義科學家；他們所得出的結論並非基於能夠得到證明的證據；恰恰相反，這些結論是根據一些原則推導和演繹出來的，而這些原則在其自身的文化之中也往往隱含不露。他們實際上是歐洲的哲學家和歷史學家，而不是人類學家。(貝蒂，《他者文化》，第5-6頁)

有些現代神話理論來自哲學和文學之類古老的學科，然而它們也同樣受到了社會科學諸學科的影響。即使是米爾恰·伊利亞德(Mircea Eliade，他的理論基於宗教研究，並且與那些源自社會科學的理論針鋒相對)，依然不能不從社會科學諸學科中獲取資料來支持自己的觀點！

每一門學科都蘊涵了多樣的神話理論。嚴格說來，關於神話的理論是某種涵蓋了更廣闊領域的理論，而神話只是其中的一個子集。例如，人類學的神話理論實際上是運用於神話這一個案的文化理論。心理學的神話理論是關於心理的理論。社會學的神話理論是關於社會的理論。神話理論本身並不存在，因為神話這一學科本身就不存在。神話不像文學；文學從來——或至少傳統上如此宣稱——都要求人們把它作

為文學而不是歷史學、社會學或其他非文學的學科來研究。但是，卻不存在將神話作為神話的研究。

將各學科中的神話研究統合起來的是它們共同提出的問題。這其中，三個最重要的問題是神話的起源、功能和主題。所謂「起源」，即是說，神話為甚麼會產生，又是怎樣產生的。所謂「功能」，即是說，神話為甚麼能夠代代相傳，又是怎樣傳承的。對於起源與功能的這兩個為甚麼，答案通常是某種需求：神話產生以滿足某種需求，並且代代相傳以持續滿足這種需求。至於這種需求是甚麼，則隨理論不同而不同。所謂「主題」，即是說神話的所指對象。某些理論完全從字面上來解讀神話，那麼，神話的所指對象就是直截了當和顯而易見的，譬如諸神。另外一些理論從象徵意義上來解讀神話，象徵化的所指對象可以是任何事物。

種種理論不僅對上述問題的回答不同，而且提出的問題也不同。有些理論，或者說有些學科，集中思考的是神話的起源；另外一些理論或學科集中思考的是神話的功能；還有一些理論或學科集中思考的則是神話的主題。只有少數幾種理論試圖解答所有這三個問題。一些集中思考起源或功能的理論則或探討「為甚麼」，或探討「怎樣」，卻並不同時探討這兩個問題。

人們通常認為，19世紀的理論着重於神話的起源問題，20世紀的理論則着重於神話的功能和主題問

題。但是這一劃分混淆了歷史起源與重複起源的分別。專事研討神話起源的理論聲稱，不可能説明神話最早是在何時何地產生的，然而不論何時何地，只要神話產生了，它就能説明神話為甚麼會產生，是怎樣產生的。20世紀的種種理論像19世紀的理論一樣，普遍關注神話的重複起源問題，而19世紀的理論也同樣對神話的功能和主題問題有着濃厚的興趣。

不過，19世紀的神話理論與20世紀的理論之間確實存有一個差別。19世紀的理論傾向於認為神話的主題是物質世界，而神話的功能則或是對這一物質世界的字面解釋，或是對它的象徵描述。神話往往被看作是科學的「原始」對應物，而科學則被認為是完全現代的。科學不僅令神話成為累贅之物，而且與其絕對不能相容，因此，被定義為具有科學屬性的現代人就不得不摒棄神話。相反，20世紀的理論則傾向於認為，不論就其主題還是功能而言，神話絕不是科學的過時對應物。因此，現代人無須為科學而丟棄神話。

除了起源、功能和主題之外，關於神話人們常常提出的問題還有：神話是普遍存在的嗎？神話是真實的嗎？對這兩個問題的回答源自於對前文所述三個問題的回答。認為神話的產生和功能是要解釋物質過程的那種理論很可能會把神話限定在尚未出現科學的社會中。相反，認為神話的產生和功能是為了統合社會的那種理論則會把神話看作是對一切社會形態來説均

可接受的，甚至是必不可少的。那種認為神話的功能是解釋物質過程的理論，在其解釋與科學的解釋相互抵牾時，就會判定某一神話的荒謬。那種認為神話的功能是統合社會的理論則可能會繞過真實性的問題；它聲稱只要社會的成員相信他們應該遵守的法規是遠古的祖先確立的——不論事實是否如此——社會就得到了統合。這樣的理論避開了神話真實與否的問題，因為它對神話起源與功能的解答避開了這一問題。

神話的定義

我曾參加過許多學術會議，聽到過發言者熱烈討論某小說或某劇作或某電影的「神話性質」，殊不知這類論點在很大程度上取決於神話的定義。現在，讓我來解說一下我對這一問題的看法。

首先，我提議把神話定義為一個故事。不論一則神話是否還是別的甚麼事物，它首先是一則故事，這一點似乎是不證自明的。畢竟，當被要求列舉一些神話時，我們中的大多數人首先會想到古希臘、羅馬諸神和英雄的故事。然而，在更廣泛的意義上，神話還可以被看作一種信仰或信條，譬如，美國的「一夜暴富神話」和「西部拓荒神話」就屬此類。霍雷肖·阿爾傑（Horatio Alger）[1] 寫了數十部通俗小說，內容都是描

1　霍雷肖·阿爾傑是一位19世紀的美國作家，他寫的所有作品都是關於

述白手起家的致富故事，但是這一信條本身並不依賴於某一個故事而成立。「西部拓荒」神話也是如此。

本書論及的所有理論都把神話看作故事。誠然，E.B.泰勒(E. B. Taylor)將故事轉變成了一種不言而喻的概括，但這一概括依然要由故事來承載。克勞德・列維−施特勞斯(Claude Lévi-Strauss)超脫於故事以尋求神話的「結構」，但同樣的，結構要由故事來承載。從象徵意義而不是字面意義來解讀神話的理論仍然把神話的主題 —— 或者說意義 —— 看作是故事的展開。

如果說神話被看作是故事，那麼，這故事講述的是甚麼呢？對於民俗學家來說，神話首先講述的是世界的創造。因此，《聖經》中只有兩則創世故事(《創世記》第1–2章)、伊甸園的故事(《創世記》第3章)和挪亞方舟的故事(《創世記》第6–9章)可以算作神話。所有其他的故事只能算作傳說或者民間故事。例如，《聖經》之外的俄狄浦斯「神話」就被當作只是傳說。我並不提倡像民俗學家們這樣機械，並且認為應該將神話定義成具有深遠含義的故事。這故事可以發生在過去 —— 如伊利亞德和布羅尼斯拉夫・馬林諾夫斯基(Bronislaw Malinowski)的觀點，也可以發生在現在或未來。

窮小子努力奮鬥、最終成功致富的內容，因此凡是這一類由窮變富的故事都被人們稱作「霍雷肖・阿爾傑神話」或「霍雷肖・阿爾傑故事」。在美國還有出身寒微、但經過奮鬥獲得成功的人士組織的所謂「霍雷肖・阿爾傑協會」之類的團體。—— 譯注，下同

對產生於宗教研究的神話理論來說，神話中的主要人物必須是神或近似於神的存在。這裏我同樣不提倡如此機械。倘若那樣機械，就必須將希伯來《聖經》中的絕大部分篇章排除在神話之外，這是因為，雖然可以說其中所有的故事都涉及到神，但除了《創世記》的開篇兩章之外，其餘所有故事中人類至少是和上帝同等重要的。我堅持認為，只要主要人物為人格化的形象即可，就是說，神、人、甚至動物皆可。需要排除在外的是種種非人格化的力量，譬如柏拉圖（Plato）所說的「至善」。在所有的神話理論家中，泰勒是最關注神話的人格化性質的，不過，本書要討論的其他理論家也持同樣的觀點，只有列維–施特勞斯是個例外。此外，神話中人格化的形象既可以是行動的執行者，也可以是行動的對象。

除了魯道夫‧布爾特曼（Rudolf Bultmann）和漢斯‧約納斯（Hans Jonas）之外，本書要討論的所有理論家都關注神話的功能，馬林諾夫斯基更是幾乎可以說只談功能，不及其他。神話的功能究竟是甚麼，理論家們在這個問題上各持己見，眾說紛紜。對此我不想妄下斷言。我只想指出，對所有理論家來說，神話的功能都具有舉足輕重的意義——與之相比，傳說和民間故事的功能便意義淺顯許多。因此我認為，神話對其信徒來說成就了某些意義深遠的東西，但它成就的究竟是甚麼，我並未給出定論。

在今天的語境下，神話是虛假的。神話「只不過」是神話。舉例來說，1997年歷史學家威廉·魯賓斯坦（William Rubinstein）出版了《拯救的神話：為甚麼民主政權未能從納粹手中拯救更多的猶太人？》。這書的標題說明了一切。一般人相信，如果當初盟國下更大的決心拯救猶太人，那麼許多猶太人是可以免於成為納粹屠殺的犧牲品的。魯賓斯坦對此提出了挑戰。他質疑這樣一種假設：即盟國因為反猶而對歐洲猶太人的命運無動於衷。在他看來，「神話」這一術語比起「錯誤的信念」和「流行的錯誤觀念」之類說法更能全面深刻地體現這一錯誤信念的力量。「神話」作為一種信念，它是虛假的，但同時又是冥頑不化的。

與之相反，「一夜暴富神話」的說法則是從肯定的意義上使用「神話」這一術語的，但它依然傳達了抱持一種信念決不放手的態度。完全虛假的信念看起來可能比正確的信念具有更強大的影響力，因為即使其謬誤是如此顯而易見，這一信念依然故我，歸然不動。不過，人們抱持的正確信念也可以表現得和虛假信念一樣不可動搖，尤其是當這一信念具有令人信服的證據時。具有諷刺意味的是，一些仍然信奉「一夜暴富」信條的美國人不再把它稱作是「神話」，因為「神話」已經變得含有了虛假的意味。我認為，一個故事（這個故事當然也可以表達某一信念）只有得到其

信奉者堅定不移的擁護時，才可稱為是神話。至於這個故事究竟是否必須真實，在此我並無定論。

阿多尼斯神話

　　為了闡明各家各派的理論之差異，我將採用一則大家熟悉的神話——即阿多尼斯神話——並且通過我們將要討論的各派理論從不同角度來解說它。我之所以選擇這則神話，首先是因為它擁有相互之間差別甚大的各種版本，由此體現了神話的可塑性。這則神話的主要底本取自古希臘學者阿波羅多羅斯（Apollodorus）的《神話全書》（第3卷，第14章，第3–4段）和古羅馬作家奧維德（Ovid）的《變形記》（第10卷，第298–739行）。

　　阿波羅多羅斯的故事引自史詩詩人帕尼亞西斯（Panyasis）的版本。按照他的講述，阿多尼斯的母親斯密耳娜無法自拔地迷戀上了自己的父親，並且懷上了他的孩子。當她的父親發現夜夜與他同床的竟是自己的女兒時，便立即拔出寶劍要殺死她。斯密耳娜倉皇逃走，他在後面緊追不捨。就在即將被父親追上時，她祈求眾神讓她隱身，眾神可憐她，將她變成了一棵沒藥（即斯密耳娜）樹。十個月過後，沒藥樹開裂，阿多尼斯降生。

　　嬰兒時期的阿多尼斯就俊美絕倫，一直留意着他

的愛神阿佛洛狄忒情不自禁愛上了他，同斯密耳娜當年熱戀她父親沒甚麼兩樣。為了完全獨享他的愛，阿佛洛狄忒將他藏在了一個箱子裏，交給冥後珀耳塞福涅保管，但沒有告訴她裏面裝的是甚麼。珀耳塞福涅打開箱子，看到阿多尼斯，也愛上了他，於是拒絕將阿多尼斯還給阿佛洛狄忒。她們兩人各不相讓，都要獨佔這位美少年，只好由眾神之王宙斯出面調停。宙斯提出的解決辦法是：阿多尼斯一年中四個月與珀耳塞福涅在一起，四個月與阿佛洛狄忒在一起，四個月獨處。阿多尼斯將屬自己的那四個月時間也讓與了阿佛洛狄忒，因此一年到頭都置身於女神的保護之下。有一天打獵時，他被一隻野豬的獠牙戳傷致死。根據阿波羅多羅斯的敘述，還有一種來源無考的說法，即阿多尼斯的死是戰神阿瑞斯設計的；阿瑞斯本是阿佛洛狄忒的情人，結果卻讓阿多尼斯奪了所愛，於是他一怒之下決定報復。

奧維德故事的開場與此類似，也從阿多尼斯的母親密耳拉與其父(這裏成了)喀倪剌斯的亂倫講起。密耳拉痛苦不堪，準備上吊自盡時被她的老乳母救下。老乳母打探出她絕望的根源，悄悄地讓她和她父親同床(這與阿波羅多羅斯講的一樣)。但是到了第三夜，父親要點燈看看究竟是誰這麼愛他，結果發現真相，便拔出寶劍要殺她，她逃走了(這與阿波羅多羅斯講的也一樣)。懷了孕的密耳拉東躲西藏了九個月，疲憊不

堪，走投無路，便祈求眾神幫助她，於是眾神將她變成了一棵樹。這裏的敘述與阿波羅多羅斯的講述也大致相同，不同的只是密耳拉變樹不是在懷孕之初，而是在孕期即將結束之時。密耳拉在變身為樹之後仍不停地哭泣，她留下的眼淚便成了沒藥這種香水。她肚子裏的嬰兒不得不在樹中左衝右突，最後終於來到了這個世界上。

奧維德的敘述與阿波羅多羅斯所不同的是，維納斯（與阿佛洛狄忒相對應的羅馬愛神）是在阿多尼斯長成為一個年輕小伙之後才遇到他，但她也同樣即刻就愛上了他。這個故事中沒有別的女神與她爭風吃醋，因此，維納斯一直獨享阿多尼斯的愛。他們一起出去打獵；儘管維納斯一再告誡他只打小獵物就好，他卻沒有聽從她的警告，冒失地去追蹤大型的獵物。結果，和阿波羅多羅斯的版本一樣，他被野豬的獠牙戳傷致死。不過不同的是，這隻野豬並非是他的任何情敵所派來的。

阿波羅多羅斯的故事以阿多尼斯的死亡結束，奧維德的版本則繼續講述維納斯對他的哀悼。為了紀念他，她將眾神的美酒灑在了他的血泊處，於是從那裏長出了銀蓮花。和阿多尼斯一樣，這種花的生命也是轉瞬即逝。

在阿波羅多羅斯的故事中，每歲死而復生的循環在前，阿多尼斯「最終」的死亡在後；而在奧維德的

圖1 《維納斯和阿多尼斯》，魯本斯作

筆下，每歲死而復生的循環表現為鮮花的開放與凋謝，並且發生在阿多尼斯的死亡之後。而且，在阿多尼斯的血泊處長出鮮花這一情節，預示了與這則神話相關的儀式。這一關聯在阿波羅多羅斯的敘述中是沒有的。

在阿波羅多羅斯的敘述中，推動情節發展的是怒火，而在奧維德筆下，推動事件進展的卻是愛情。阿波羅多羅斯的阿多尼斯是爭鬥的父母和敵對的女神的無辜犧牲品，而對奧維德來說，傷心欲絕的愛神和阿多尼斯一樣，也是受難者。

阿波羅多羅斯力圖呈現故事的真實性，奧維德則表明了故事的虛構性。阿波羅多羅斯的敘述是直截了當的，奧維德的敘述卻是迂迴曲折的，目的是要使之切合更為宏大的主題，特別是變形的主題：譬如，密耳拉變為一棵樹、阿多尼斯變成一種花。阿波羅多羅斯意在要求人們從字面來理解他的故事，奧維德卻旨在期望人們讀出其中的隱喻來。阿波羅多羅斯的敘述是嚴肅的，奧維德的敘述則是戲謔的。

我之所以例舉阿多尼斯神話，不僅是因為這則神話天差地別的各種不同版本，還因為現代神話理論家們全都很熟悉它。弗雷澤（J. G. Frazer）分析過它，當時還屬列維–施特勞斯學派的馬塞爾·戴田（Marcel Detienne）分析過它，榮格（C. G. Jung）及其追隨者們也分析過它。

運用理論分析神話

分析神話必須從某種特定的理論出發。運用理論在這裏是不可避免的。例如，許多古典神話的解讀指南將阿多尼斯每年一度前往珀耳塞福涅居處的拜訪和他返回阿佛洛狄忒身邊的旅程與植被的榮枯聯繫起來，並把這當作不爭的事實，這就假定了這樣一種觀點，即神話是科學的原始形態。對任何一種理論是否具有普適性抱持懷疑態度是一回事，但要完全避開神話理論就是另一回事了。

理論也需要神話，正如神話需要理論一樣。倘若說，理論闡釋了神話，那麼神話則證實了理論。當然，某一理論適用於一則神話並不足以證實這種理論的正確性，理論的基本原則本身必須站得住腳。例如，當我們運用榮格的理論來解釋阿多尼斯神話時，這本身並不能證明集體無意識的存在；相反，集體無意識的原則是在分析之初便被假定為成立的。但是，證實某一理論的方法之一 —— 儘管這是一種間接的途徑 —— 便是在假定其原則成立時，檢驗其適用的情況。當然，這種分析的基礎是，如果不能適用，則表明該理論一定是錯誤的或有其局限的。

第一章
神話與科學

在西方，對神話的挑戰至少可追溯到柏拉圖，他特別從倫理道德的立場拒絕接受荷馬式的神話。駁斥柏拉圖對神話的抨擊、起而捍衛神話的首先是斯多葛派哲學家，他們對神話作了寓言式的重新闡釋。到了現代，對神話的主要挑戰不是來自倫理學，而是來自科學。神話被看作是解釋諸神如何操控物質世界的，而非柏拉圖所認為的，是講述諸神如何立身行事。柏拉圖抱怨神話中的諸神行為不軌、缺乏道德，而現代批評家們則認為神話對世界的解釋不符合科學原理，因而將之摒棄。

作為真正科學的神話

現代對神話的一種挑戰形式是對神話的科學可信性提出質疑。世界的創造真的僅僅是在六天中完成的嗎(《創世記》兩篇創世故事中的第一篇如此宣稱[1:1–2:4a])？果真出現過世界範圍的大洪水嗎？地球果真只有六七千年的歷史嗎？上帝向埃及人降下十災

的事當真發生過嗎？駁斥這種挑戰的最頑固的觀點宣稱，《聖經》的記敘是正確的；畢竟，《摩西五經》是上帝口傳、摩西手錄的。這一觀點一般被人稱作「創世主義」，它有種種不同的說法，例如將世界的創造確切地說成六天，或者認為這六天其實指久長的「時代」。創世主義的產生旨在對抗達爾文（Darwin）的《物種起源》（1859），後者的觀點是，物種是逐漸進化而來，並非分別地、幾乎同時地被創造出來。令人感到驚訝的是，創世主義在堅持《聖經》對創世的解釋方面，不是變得越來越靈活，而是越來越拘泥於經文的字面意思了。

同時，形形色色的創世主義者自詡他們的觀點既是宗教的，也是科學的，而非只是宗教的，不是科學的。在他們看來，「創世主義」即等同於「創世科學」；它歪曲挪用一切科學證據，既為了支撐自己的觀點，也為了駁斥「進化論」之類敵對的世俗觀念。毫無疑問，「創世科學家」會反對將他們為之辯護的觀點定義為「神話」，原因只是因為，「神話」一詞已帶有了虛假的信仰的意味。倘若這個詞是中性的，意指一種堅定不移的信念，那麼，創世主義就是自認為科學的一種神話。在創世主義者看來，在科學上站不住腳的是進化論。在《聖經》與現代科學的任何衝突中，現代科學都必須給《聖經》讓路，而不是相反。

作為現代科學的神話

應對現代科學的挑戰、捍衛神話還有一種溫和得多的觀點，那就是使神話和現代科學相調和。這一觀點要麼將神話中與現代科學格格不入的成分剔除，要麼更聰明地對其加以重新闡釋，將其說成是現代的、科學的。神話在科學上是可靠的，因為它本身就是科學，是現代科學。很可能並不存在這樣一個挪亞，他能夠憑藉一己之力集合每一種動物，並建造一艘足以抵禦海上最猛烈風暴的木船，從而使這些物種存活下來，然而一場世界範圍內的洪水卻的確發生過。這樣，神話中留存的內容就是科學的，因而也是真實的。這種方法與被稱作「解神話化」的方法截然相反，後者將神話與科學相分離。解神話化將在下一章加以討論。

在評論十災中的第一災，即尼羅河水變血之災（《出埃及記》7:14–24）時，《聖經》牛津註釋本編者的說法便是這一以現代科學道理闡釋神話的方法的典型例證。他們評說道：「水變血之災顯然反映了埃及的一種自然現象：尼羅河在夏天氾濫的高峰期之所以是紅色，是因為它包含了大量的紅土顆粒或者微生物。」說到第二災即蛙災（《出埃及記》8:1–15）時，這些編者作了類似的解釋：「經過了季節性的氾濫之後，尼羅河的河泥成了青蛙繁殖的溫床。如果不是食

蛙鳥 的存在，埃及遭受蛙災侵襲的次數可能會更加頻繁。」當亞倫[1] 伸杖製造這一災難時，那些食蛙鳥很可能都去休假了，而當亞倫要停止這一災難時，那些鳥就都回來了，這真是太偶然了！這一方法不是要讓神話與科學對立，而是策略性地將神話變成科學——並非像今天流行的那樣，將科學變成神話。

作為原始科學的神話

　　神話面對科學挑戰最普遍的回應是拋棄神話，轉投科學。在這一觀點下，神話雖然依然是對世界的解釋，但卻只能是屬自己的一套解釋，而不是在神話的形式下對世界的科學解釋。由此，問題便不在於神話是否具有科學性，而在於神話能否與科學和諧共存。神話被看作是「原始的」科學，或者更確切地說，是科學在前科學時代的對應物，而科學則只能是現代的。在這種情況下，神話屬宗教的一部分。神話之外的宗教其餘部分提供的是對神的絕對信仰，神話則詳述了諸神是怎樣製造事件的。由於神話是宗教的一部分，科學的興起及其對物質世界種種事件主導性的現代解釋就必然導致宗教乃至神話的衰落。既然現代人的定義便是接受科學，他們就不能同時接受神話，所

1　《聖經》故事人物，摩西之兄，相傳為猶太教第一個大祭司。他按照耶和華和摩西的吩咐，伸杖施行了十災的前三災。

謂「現代神話」的說法是自相矛盾的。神話是構建現代性之世俗化過程的犧牲品。

宗教與科學的關係絕不是協調一致的，標題傾向性明顯的著述——譬如《基督教世界科學與神學的戰爭史》之類——便是這一觀點的一種片面表現。不過，宗教與科學——進一步說，神話與科學——儘管在19世紀更經常地表現為相互對立，但到了20世紀，它們經常表現出的卻是相互調和。

E.B. 泰勒

英國人類學家 E.B. 泰勒(1832–1917)是人類學的先驅，他抱持神話與科學相互對立的觀點，並且至今仍是這一論點的經典代表人物。泰勒將神話劃入宗教之下，又將宗教與科學並置於哲學之下。他將哲學劃分為「原始」哲學與「現代」哲學兩種。原始哲學與原始宗教同一。原始科學是不存在的。相反，現代哲學卻有兩個分支，一是宗教，一是科學。這兩個分支中，科學遠為重要，並且是原始宗教的現代對應物。現代宗教由兩部分組成，一是形而上學，一是倫理學，兩者都是原始宗教所沒有的。形而上學研究的是非物質的實體，「原始人」對此是沒有概念的。原始文化中並非沒有倫理學，但它卻並不包含在原始宗教之中：「倫理學與泛靈論哲學在較高一級文化中的結

合是那樣緊密，那樣有力，然而在低一級文化中，這一結合似乎還未出現。」泰勒用「泛靈論」來指稱宗教本身，無論是現代宗教，還是原始宗教，因為他對神的信仰源自他對靈魂的信仰(拉丁語*anima*的意思即是「靈魂」)。在原始宗教中，靈魂居於一切物質實體之中，這首先便包括了人的軀體。神就是除人之外所有物質實體中的靈魂，而人卻不是神。

原始宗教是原始社會中科學的對應物，因為二者都是對物質世界的解釋。泰勒因此把原始宗教稱為「尚未開化的生物學」，並認為，「機械天文學將逐漸取代低等種族的泛靈論天文學」，而今天，「生物病理學正逐漸取代泛靈論病理學」。宗教的解釋是人格化的：諸神的決定是種種事件發生的原因。科學的解釋是非人格化的：事件的發生源於機械法則。各門科學作為一個整體已經取代了宗教，成為對物質世界的解釋，因此，「泛靈論天文學」和「泛靈論病理學」只能指原始的、而不是現代的泛靈論。現代宗教將物質世界完全讓給了科學，自己撤退到非物質世界之中，特別是軀體死亡之後靈魂的生活中。在原始宗教中，靈魂被看作是物質的，而在現代宗教中，靈魂卻被看作是非物質的，而且只有人類才有靈魂：

在我們這個時代和國度裏，我們看到，有關獸類擁有靈魂的觀念已經消亡了。泛靈論似乎正在收縮它

的前哨陣地，並將力量集中在其主戰場，即人的靈魂的觀念上……靈魂已經放棄了它作為一種輕飄物質的實質，變成了非物質的實體，「陰影的影子」。它的理論與生物學以及精神科學分道揚鑣，後二者現在探討的是生命與思維、感覺與理智、情感與意志的種種現象，並以純粹的經驗為研究的依據。現在出現了一種理智的產物，那就是「心理學」，它具有極端重要的意義，卻不再與「靈魂」有任何關係。現代思想中靈魂的位置在宗教的形而上學中，它在那裏的特別職責是為未來的宗教教義提供理智的一面。（泰勒《原始文化》，第2卷，第85頁）

與此類似，在原始宗教中，神被看作是物質的，而在現代宗教中，神卻被看作是非物質的。因此，神不再是物質世界的使然力——泰勒認為物質的結果必然有物質的原因——宗教也不再能夠解釋物質世界。神從物質世界被重新定位在社會世界中。他們成為了人類的榜樣，正如柏拉圖認為他們應做的那樣。人們現在轉向《聖經》學習倫理道德，而不是物理學。人們閱讀《聖經》時關注的不再是世界的創造，而是摩西十誡，正如柏拉圖認為這是刪去不道德內容的荷馬作品應起的作用。耶穌不再是一個神跡的創造者，而是人們爭相效仿的理想典範。這一觀點集中體現

在維多利亞時代的文化批評家馬修‧阿諾德(Matthew Arnold)的著作中。

這種有助於和解的立場與已故的進化論生物學家斯蒂芬‧傑伊‧古爾德(Stephen Jay Gould)的觀點很相似。在古爾德看來，科學 —— 尤其是進化 —— 和宗教是可以和諧共處的，因為二者之間沒有交集。科學解釋物質世界，而宗教規範倫理道德，賦予生命意義：

> 科學試圖記錄自然世界的事實特徵，並提出理論以協調和解釋這些事實。另一方面，宗教在同樣重要但完全不同的領域起作用，它要處理的是人的目的、意義和價值。(古爾德《萬古磐石》，第4頁)

在古爾德看來，宗教一直有着與科學全然不同的功能，但就泰勒而言，宗教是在因科學而成為累贅之後被迫重新定位的。它現在的功能大大降級了。這裏泰勒與生物學家理查德‧道金斯(Richard Dawkins)的觀點接近，然而與泰勒不同的是，道金斯甚至連縮了水的功能都不願賦予科學產生之後的宗教。

泰勒認為，作為解釋物質世界的宗教之死亡，同時也就意味着神話之死亡，因為泰勒將神話置於原始宗教之中。儘管神話是基於對神的信仰而出現的一種精心建構，但在科學興起之後，這種信仰能夠留存下來，神話不知怎的卻不能夠。看來，神話與作為這個

世界使然力的諸神關係太密切了，以致不被允許從形下世界向形上世界作任何可能的轉化。因此，儘管宗教剔除了自己解釋世界的主要功能之後仍能轉化為「現代宗教」留存下來，「現代神話」卻不可能存在。

泰勒的觀點濃縮了19世紀的神話觀，即將神話與科學、以及作為一種解釋的宗教與科學置於對立的位置上。到了20世紀，潮流發生了變化，人們致力於調和神話與科學、以及宗教與科學的對立，於是，現代人就得以將神話與宗教保留了下來。然而，泰勒的觀點依然很流行，特別是對那些一提起「神話」便聯想到希臘與羅馬諸神故事的人來說，泰勒的看法仍舊為他們所認同。

在泰勒看來，科學讓神話不僅成為多餘，甚至是不可接受。為甚麼呢？因為神話與科學對物質世界的解釋是水火不容的。這不僅在於神話的解釋是人格化的，科學的解釋是非人格化的，還在於二者的解釋都是直接的，都是針對同樣事件的。諸神行事並非是在那些非人格化的力量背後，或是通過這些力量，而是替代這些力量。譬如說，神話中的雨神把雨收集在水桶裏，然後選擇地上的某處，將水桶倒空。而科學則說，雨的形成是氣象過程的結果。人們不可能將神話的解釋置於科學的解釋之上，因為雨神並沒有利用氣象過程，而是代替其行事。

嚴格地說，神話中的因果關係從來不是全然人格

化的。雨神對地上某處傾倒雨水的決定也是以一定的自然法則為先決條件的，如雨水在天空的積聚、裝雨的水桶的容量以及傾倒雨水的方向等。但是為了堅持其神話與科學完全脫節的僵化觀點，泰勒無疑會說，神話本身無視物質過程，而把焦點放在神的決定上。

但是，即使神話與科學無法相容，為甚麼泰勒就認定神話是非科學的呢？答案必然是，人格化的原因都是非科學的。可是，為甚麼人格化的原因是非科學的呢？泰勒沒有加以解釋。可能的理由是：人格化的原因是精神的 —— 是神性的使然力的決定 —— 而非人格化的原因則是物質的；人格化的原因既不可預料，也無法驗證，而非人格化的原因則既可預料，又可驗證；人格化的原因是特殊的，而非人格化的原因是一般的；人格化的原因是終極的、目的論的，而非人格化的原因則是直接作用的。然而事實上，這些理由中沒有一條能夠真正區分人格化的原因與非人格化的原因，因此，也就很難說清楚泰勒堅信神話並非科學的理由究竟何在。

泰勒從未對這一假設提出質疑，他想當然地認為，不僅原始人只有神話，現代人也只有科學。也正因此，他還提出了文化中「神話製造階段」的說法。儘管米爾恰・伊利亞德、C.G. 榮格和約瑟夫・坎貝爾(Joseph Campbell)都鄭重地宣稱，神話是一種永恆的現象，但在泰勒看來，神話只是一時的現象，即使

其消逝的過程相當漫長。神話令人讚歎地發揮了它的功能，但它的時代已經過去了。緊抓着神話不放的現代人不是沒有認識到神話與科學無法相容，就是不願承認這一點。雖然泰勒並沒有説明科學時代開始的日期，但科學時代與現代性是一同開始的，因而也就是幾個世紀的時間。泰勒於1917年去世，他從未設想過現代之後會是一個怎樣的階段。近年來，持有泰勒觀點的一個顯例是美國人類學家戴維·比德尼（David Bidney）。

泰勒將神話與科學對立的一個原因是他把神話納入宗教之下。他認為，宗教之外是沒有神話的，而到了現代宗教，它本身也不再包含神話。因為原始宗教是科學的對應物，因此神話必定也是。因為宗教只能從字面理解，因此神話也必定得從字面理解。

泰勒將神話與科學對立的另一個原因是他只從字面來理解神話。他反對那些從象徵的、詩的或隱喻的意義上來 理解神話的人——他認為象徵、詩、隱喻都是一回事，説法不同而已。他不贊成那些神話的「道德寓言論者」，對 這些人來說，赫利俄斯每天駕四馬戰車馳過天空的神話[2]其實是灌輸自我規約的一種方式。同樣，他也反對那些「神話即歷史論者」（即「歐伊邁羅斯論者」），這些人認為，神話不過是對某些地

2　赫利俄斯是希臘神話中的太陽神，相傳每天駕四馬戰車自東至西馳過天空。後來人們逐漸把他和光明之神阿波羅視作一人。

方或民族英雄的功績作出添枝加葉、有聲有色的描述而已。(歐伊邁羅斯[Euhemerus]是古希臘的一位神話搜集作家,他創立了為神話事件尋求真實歷史依據的傳統。)在泰勒看來,赫利俄斯的神話只不過是對太陽為甚麼升起落下的一種解釋,這種解釋的功能要求一種字面的閱讀。但對寓言論者和歷史論者而言,神話並非科學的原始對應物,因為在象徵的層面上,神話講述的是人事,而不是諸神和世界之事。寓言論者還認為神話是非科學的,因為在象徵的層面上,它是規定人們應該如何行事,而不是解釋人們為何如此行事。

從道德寓意和歷史真實的角度闡述神話的方法都可以追溯到古代,但是泰勒認為,當代這類解釋者的動機是要在現代科學的明確挑戰面前保存神話。泰勒把將諸神解釋為僅僅是人的隱喻的學者稱作歐伊邁羅斯論者,並對他們不屑一顧;其實古代的歐伊邁羅斯論者習慣上把神就看作是神,只是他們認為這些神是來自於對人的放大,而這一點是泰勒本人也贊同的。古代的歐伊邁羅斯論者主張,最初的諸神實際上是那些偉大的國王們,他們死後被神化了。歐伊邁羅斯本人則認為最初的諸神是生前就被神化了的國王們。

與泰勒截然相對的是他的同時代(維多利亞)人,在德國出生、於牛津大學治學的梵文學者弗里德里希·馬克斯·米勒(Friedrich Max Müller, 1823–1900)。泰勒認為,現代人所採用的象徵的解讀方式是對神話

的誤讀；米勒則認為，古代人逐漸注重字面的意義，最終導致了他們自己對神話或神話材料的誤讀。神話原本是對自然現象的象徵性描述，卻逐漸為人們從字面所理解，於是它們成為了對諸神屬性的記敘。舉例來說，大海「憤怒」了，原本是詩意的描寫，可最終卻被看作掌管大海之人格的特徵，於是一則神話便被創造出來解釋這一特徵。米勒認為，神話源自古代語言中沒有或者說幾乎沒有抽象名詞和中性詞彙這一事實。這樣，賦予太陽的任何一個名稱——譬如說「溫暖的給與者」——都毫無例外地將一個抽象的、非人格化的實體變成了一個人格的實體，隨後的世代又接着創造了神話以填充這個男神或女神的生活。

若對阿多尼斯神話作泰勒式的分析，便會把這則神話看作是對觀察到的某種引人注目的事項作出的解釋。於泰勒而言，阿波羅多羅斯和奧維德對這一神話的不同敘述都對沒藥樹的起源提供了解釋。奧維德的版本還對銀蓮花的起源作出了解釋，並且更進一步說明了這種花生命週期如此短暫的原因：因為它象徵了阿多尼斯轉瞬即逝的生命。倘若人們從銀蓮花推及一切鮮花和其他植物，那麼這則神話還可以說是解釋了為甚麼這些實體不僅會死亡，而且可以再生。對泰勒來說，阿多尼斯一定是神，而不是人，這一神話是將鮮花與植物每歲的榮枯歸因於他一年一度往返冥府的旅程。阿多尼斯最後的死則忽略不計。泰勒眼中的這

則神話強調的是阿多尼斯操控他對之負責的自然實體的能力。這則神話所起的作用完全是智識上的：人們將明白為甚麼莊稼的行為如此古怪：死亡又重生，並且不止一次，而是永遠反復。

然而，事實上這則神話本身並沒有將阿多尼斯一年一度的旅程與一切植物的榮枯聯繫在一起，與之相聯繫的僅限於在「阿多尼斯小花園」中栽種速生速枯花草的儀式[3]。即使這則神話確實指出了阿多尼斯的旅程與植物榮枯的關聯，那也並非如泰勒所主張的，是出自於阿多尼斯自身的任何決定，而是源自於他的行為自動產生的結果。

進一步說，泰勒式的分析還遺漏了這則神話中的大量內容。他的理論根本不能覆蓋亂倫、情愛、妒忌、性等問題。更確切地說，泰勒的理論在涉及這些內容時，只能從阿多尼斯這一人物的動機出發，而在神話中，這些其實是圍繞阿多尼斯的其他人物的動機。阿多尼斯本身更多的是一個被動的對象，而不是行動的施與者。而且，不論阿多尼斯生命中的那些事件何等神奇，他畢竟是人，而不是神。總而言之，這則神話更感興趣的似乎是阿多尼斯與其他人物的關係，而非他本人或其他人物對物質世界的影響。

3　在古希臘紀念阿多尼斯的阿多尼亞節期間，雅典人會在一些花盆中栽種生長與枯謝迅速的種子，稱之為「阿多尼斯小花園」。塞浦路斯至今仍保留此俗。

泰勒的理論似乎適用於解讀那些明確講述創世故事的神話，更適用於解讀從不間斷的物質現象。譬如，《創世記》第一章，按照泰勒的標準無疑便是一則神話。我們不妨引述此章中的幾段：

神說：「天下的水要聚在一處，使旱地露出來。」事就這樣成了。神稱旱地為地，稱水的聚處為海。神看着是好的。（《創世記》1:9–10，標準本修訂版）

神說：「水要多多滋生有生命的物，要有雀鳥飛在地面以上，天空之中。」神就造出大魚和水中所滋生的各樣有生命的動物，各從其類；又造出各樣飛鳥，各從其類。神看着是好的。（《創世記》1:20–21，標準本修訂版）

神說：「我們要照着我們的形象，按着我們的樣式造人，使他們管理海裏的魚、空中的鳥、地上的牲畜和全地，並地上所爬的一切昆蟲。」神就照着自己的形象造人，乃是照着他的形象造男造女。神就賜福給他們，又對他們說：「要生養眾多，遍滿地面，治理這地……」神看着一切所造的都甚好。（《創世記》1:26–31，標準本修訂版）

　　泰勒的理論不僅適用於世界上那些一旦形成就固定下來的事物，譬如旱地與海洋之類，而且更適用於固定下來之後反復重現的現象，譬如下雨、季節的變

換和(挪亞方舟故事中的)虹等。《創世記》第一章出現了許多反復重現的現象：日與夜、太陽與月亮、一切生物。儘管如此，泰勒的理論決定了這些反復重現的現象必須是來自諸神不斷作出的決定。對泰勒來說，諸神之於物質世界正如人類之於社會一樣：他們每次所作的決定都是新的，而他們決定要做的事卻是同樣的。他們並非確立起事物後便放手任其繼續。而後者正是馬林諾夫斯基和伊利亞德等理論家的觀點。

那麼，從未有人觀察到的現象又如何呢，譬如海怪之類？神話該怎樣對這些現象作出解釋？泰勒的回答必然是，《創世記》的作者認定有人看見或以為看見過！這裏，海怪與飛碟之類的不明飛行物並沒有甚麼兩樣。

儘管泰勒的理論十分貼合《創世記》第一章中的創世過程，這個神話仍然有許多問題處於該理論的認知範圍之外。這個神話不只是解釋了創世，它還對其作出了評價，不斷宣稱這一創造是好的。由於泰勒如此堅定不移地將神話與科學加以平行比較，他未在神話中給道德評價留有一絲餘地，這一點從他對道德寓言論者的反對便可清楚地得到證明。在他看來，《創世記》第一章只是解釋了創世，並未對其作出評價。同樣的另一個問題是，創世故事不僅解釋了人的創造，而且將人類凌駕於其他一切造物上，並相應地賦予了他們管理物質世界的權利和義務。進一步說，假如造人所依據的神的「形象」並不僅僅是指解剖意義

上的，那麼泰勒的理論對這一點也是難以解釋的。

最後，即使泰勒的理論適用於一切神話，那麼它闡明了甚麼呢？一種理論適用於一則神話是一回事，由這種理論闡明它所適用的神話卻是另一回事。有甚麼是沒有了泰勒的理論我們便不能認知的事物呢？公平地說，我們不能要求泰勒回答神話意味着甚麼，因為他堅持的是對神話字面的解釋：神話的意思就是它說的意思。泰勒的貢獻在於其對神話的起源與功能所作的闡釋。依據泰勒的觀點，《創世記》第一章並非出自對世界的胡亂揣測，而是源自對那些要求得到解釋的、反復重現(但可能仍然令人感到驚異)的自然過程的可靠觀察。泰勒會在創世主義者中找到讚賞他的聽眾，這並不是因為他認為《創世記》第一章是對世界起源的正確解釋，而是因為他認為它是對世界起源的一種解釋，而且明顯是一種宗教的解釋。20世紀有些神學家試圖讓《聖經》適合現代人的口味，因此主張《創世記》第一章絕非是對創世的解釋，如魯道夫・布爾特曼就是這麼看《新約》的，對此我們下一章將會討論。相對於這些神學家的觀點，泰勒的理論不啻是一劑矯正藥。

J. G. 弗雷澤

泰勒的觀點只是關於神話與科學，或者說宗教與

科學關係的諸多觀點中的一種，與他立場最為接近的是J.G. 弗雷澤。弗雷澤(1854–1941)是出生於蘇格蘭並長期在劍橋大學執教的古典主義學者，並且同樣是一位人類學領域的先驅。和泰勒一樣，弗雷澤認為，神話是原始宗教的一部分；原始宗教是哲學的一部分，而哲學本身是普遍存在的；原始宗教是自然科學的對應物，而自然科學本身則完全是現代的。弗雷澤還同樣認為原始宗教與科學是相互排斥的。原始宗教是虛假的，科學則是真實的。不過，兩人也有不同：泰勒認為，原始宗教——包含了神話——的功能是作為科學理論的對應物，而弗雷澤卻認為，原始宗教的功能更多地是作為應用科學，即技術的對應物。泰勒認為，原始宗教旨在解釋物質世界的事件，而弗雷澤則認為，原始宗教更多地是促生事件，其中顯要的便是作物的生長。泰勒將神話看作自治的文本，弗雷澤則把它與儀式聯繫起來，認為儀式搬演了神話。

弗雷澤個人認為，所有神話中首要的神話是主神——即植物之神——的傳記，阿多尼斯神話便是一個十分重要的例證。在弗雷澤看來，阿多尼斯神話會被表演出來，而人們相信這一儀式性的搬演將會產生魔力，促成任何所表演之內容的發生。表演阿多尼斯從冥府歸來會將阿多尼斯召喚回來，並由此促成莊稼的長出。這則神話不僅解釋了莊稼為甚麼死去——因為阿多尼斯去到了冥府，所以莊稼也死了——而且能

夠促使莊稼的再生。對弗雷澤來說，神話的功效再實際不過了：那就是避免饑饉。弗雷澤對阿多尼斯神話的闡釋將在第四章中作更為詳細的討論。

泰勒與弗雷澤把神話看作科學的原始對應物，這一觀點的最大困境在於它顯然無法解釋神話為甚麼在科學出現之後依然能夠留存。假如神話的功能並不多於科學，那它為甚麼還存在？當然，泰勒和弗雷澤可能會立即回答說，不管留存下來的是甚麼，都已不再是神話了，就因為它並不起到科學那樣的作用。與之相反，當代德國哲學家漢斯·布盧門貝格(Hans Blumenberg, 1920–1996)認為，神話與科學的並存，證明了神話從來沒有起過科學那樣的作用。然而，不論是布盧門貝格還是泰勒和弗雷澤都沒有解釋，為甚麼神話，或者作為一個整體的宗教，依然和科學一起被人們用來解釋物質事件。

例如，每當飛機失事，少數乘客倖免於難，人們接受飛機失事本身的科學解釋，卻相信少數人之所以倖存並不在於他們的座位位置特殊之類，而在於上帝的干預。泰勒和弗雷澤無疑會回應道，倖存者只是沒有直面他們的宗教解釋與科學解釋水火不容的事實，某種更緊迫的需要，某種只有宗教的解釋才能滿足的需要，顯然壓倒了對二者協調一致的要求。

路西安‧列維–布留爾

　　法國哲學家、空想人類學家路西安‧列維–布留爾(Lucien Lévy-Bruhl, 1857–1939)反對泰勒、弗雷澤，以及他不準確地稱之為「英國人類學派」的其他成員的觀點；他堅持神話與科學應有更廣闊的分野。泰勒和弗雷澤認為，原始人的思維和現代人並沒有太大不同，只是不及現代人縝密，可列維–布留爾卻認為，原始人的思維與現代人並不相同。前者認為，原始人的思維是符合邏輯的，只是並不正確，而後者卻認為，原始人的思維是全然沒有邏輯的，或者用他愛用的說法，是「前邏輯的」。

　　不同於泰勒，列維–布留爾認為，原始人並不相信所有的自然現象都具有個體的、像人一樣的靈魂或者神，但是，所有的現象 —— 包括人類和他們的手工製品 —— 都是一個非人格化的、神聖的或者「神秘的」領域的一部分，這個領域遍及整個自然界。進一步說，原始人相信一切事物都「參與」到這一神秘的現實中，這使得各種現象不僅神奇地相互影響，而且相互易形，同時又保留着自己的本質特徵：「客體、存在、現象可以既是它們自身又有別於它們自身，儘管這是我們[現代人]所無法理解的。」巴西的博羅羅人[4]

4　南美印第安人的一族，分佈在巴西馬托格羅索州巴拉圭河上游及其支流一帶，是現存的少數原始部落之一。博羅羅人操自己的方言，其生產仍處於刀耕火種階段，社會仍是母系社會。

宣稱他們是紅色「阿拉拉斯」，即一種鸚鵡，同時又是人類。列維–布留爾稱這種信仰是前邏輯的，因為某一事物既是它自身、同時又非它自身的觀念破壞了不矛盾律[5]。

泰勒和弗雷澤認為，神話與科學——或者至少是他們心目中的科學——有着同樣的觀察、推理和概括的過程，可列維–布留爾卻認為，神話思維和科學思維完全是背道而馳的。前者認為，原始人對世界的感知方式與現代人一樣，只不過他們構想世界的方式與現代人不同，而後者卻認為，原始人看到的、然後使之概念化的世界與現代人是不同的，也就是說，他們的世界與其自身相同。

列維–布留爾與泰勒和弗雷澤一樣，認為神話是宗教的一部分；宗教是原始的；對於現代人而言，科學遠比宗教重要。然而，泰勒與弗雷澤將宗教和科學都歸於哲學之下，列維–布留爾卻將哲學和擺脫了與世界神秘同一的思維聯繫在一起。原始思維是非哲學的，因為它沒有與世界分離開來。原始人有屬他們自己的整個心智，這種心智表現在他們的神話中。

即使在神話的功能上，列維–布留爾與泰勒和弗雷澤的觀點也不相同，前者認為是情感介入，而後者則認為是理智超脫。列維–布留爾認為，原始人使用宗

5　不矛盾律，又稱矛盾律，邏輯學中的主要法則之一。其命題是：兩個互相矛盾或互相反對的判斷不同真，必有一假。

教，特別是神話，並非為了解釋或控制世界，而是為了與之契合，或者更確切地說，是要恢復正逐漸消退的「神秘」契合：

> 只要個人對社會團體的參與仍能直接感受到，只要團體與周圍團體的互相參與實際上存在——也就是說，只要神秘的共生持續——神話便數量稀少，質素低劣。……當原始人的心智正努力實現一種已經無法再感受到的互相參與——當它轉而訴諸旨在恢復契合的中介與手段，而這一契合已經不再是鮮活的現實時，此時出現的神話會不會也是原始人心智的產物呢？（列維–布留爾，《原始思維》，第330頁）

倘若依據列維–布留爾的觀點來闡釋阿多尼斯神話，他必然會側重討論阿多尼斯與世界的神秘關係。奧維德的阿多尼斯全然不顧世上危險的一切警告，因為他設想自己在世界上如同在自家一樣安全自如，而他的這種感覺源自於與世界的同一。他之所以無法抗拒女神們的誘惑，是因為在他看來，女神們就像他的母親一樣，和她們在一起，他要的不是性交，而是如同處於子宮中的接納。在阿多尼斯與女神之間存在着一種原始的同一狀態，布留爾稱之為「神秘的互相參與」（或譯「神秘互滲」[6]）。

6　參見丁由譯列維–布留爾著《原始思維》（商務印書館，1981），第

馬林諾夫斯基

　　對列維–布留爾觀點的一種回應是重申神話的哲學性質，這一態度將在下一章中討論。持這一觀點的主要理論家是保羅‧雷丁（Paul Radin）和恩斯特‧卡西爾（Ernst Cassirer）。另一種回應是，接受他將神話與哲學分離的觀點，但卻不接受他將神話看作是前哲學的或前科學的觀點。持這種觀點的主要理論家是出生於波蘭但早年便移居英國的人類學家布羅尼斯拉夫‧馬林諾夫斯基（1884–1942）。列維–布留爾聲稱，原始人尋求與自然的契合，而不是解釋它，馬林諾夫斯基則聲稱原始人試圖控制而非解釋自然。兩人都將哲學的方法與解釋的或理智主義的方法聯繫起來，又都認為這一觀點出自英國學者；不過馬林諾夫斯基認為它出自泰勒，而不是也出自弗雷澤。兩人都將有關神話的——在更廣泛的意義上是有關宗教的——這一生造的觀點歸因於有關原始人的生造的觀念。

　　援引弗雷澤認為神話與宗教是應用科學之原始對應物的觀點，馬林諾夫斯基提出，原始人忙於為生存奔波，根本無暇思索世界。然而，弗雷澤認為，原始人使用神話代替現代的科學，馬林諾夫斯基卻認為，原始人使用神話作為科學的一種退路。原始人不僅擁

69–71頁。列維–布留爾的原文是：participation mystique。丁本是依據俄譯本並參照英譯本譯出的。

有科學的對應物，而且擁有科學本身：

> 如果科學可以被理解為這樣一個實體，即它由法則
> 與概念構成，以經驗為基礎並通過邏輯推理從經驗
> 中產生，體現於物質成就中，具有確定的傳統形式
> 且由某類社會組織執行，那麼，毫無疑問，即使最
> 低級的野蠻社會也有初始的科學，無論這種科學如
> 何稚嫩。（馬林諾夫斯基，《巫術、科學與宗教》，第34頁）

原始人利用科學來控制物質世界。科學不靈了，他們就轉向巫術。

巫術不行了，原始人便轉向神話；這並不是如弗雷澤認為的那樣，為了進一步控制世界，而是恰恰相反，為了試圖在那些無法控制的方面 —— 譬如自然災害、疾病、衰老與死亡 —— 與世界達成和解。神話 —— 在這裏並不局限於宗教 —— 將這些苦難根植於諸神或人類不可逆轉的、原始的行動中。根據一則具有代表性的神話，正是由於人類的兩位祖先做了蠢事，才將衰老引入人間：

> 人人渴望青春不老的能力，以免除衰敗和老朽；這
> 一能力卻因為一個小小的過失而喪失了，而這種過
> 失本來是一個小孩和女人都有能力避免的。（馬林諾
> 夫斯基，《原始心理學中的神話》，第137頁）

舉例來說，神話解釋了大洪水是怎樣產生的——是由某位神或某個人的行為所引致，原始科學和巫術則試圖在洪水面前有所作為。與之相反，神話卻說，我們對大洪水無能為力。這些旨在說服原始人順從無法控制之力的神話關乎的是物質現象。旨在說服原始人接受能夠被抵制之事物的神話則關乎的是社會現象，譬如習俗和法律，這一點我們將在第八章中加以討論。

馬林諾夫斯基會怎樣解讀阿多尼斯神話呢？他大概會側重討論這則神話怎樣表達了死亡對一切生命的不可避免性；他會把阿多尼斯看作一個人，而不是神，會把阿多尼斯對自己將要死亡之命運的枉顧看作對他人的教訓。但是，只有在這則神話是解釋死亡而非預設死亡時，馬林諾夫斯基的理論才能真正發揮作用。馬林諾夫斯基認為——我們將會看到，伊利亞德也持同樣的觀點——神話是講述起源的。馬林諾夫斯基會把奧維德的版本當作銀蓮花起源的加長解說版，他還必須表明銀蓮花對古希臘或羅馬人生活的重要性。和泰勒一樣，馬林諾夫斯基也是從字面意義來闡釋神話的。

克勞德·列維–施特勞斯

法國結構主義人類學家克勞德·列維–施特勞斯(1908–)既反對馬林諾夫斯基認為原始人更為實際而非

理智的觀點，又反對列維-布留爾認為原始人更多情感而少理智的觀點，他大膽地力圖復興一種有關原始人和神話的理智主義觀點。乍看之下，列維-施特勞斯似乎僅僅是回到了泰勒的立場。因為，正像泰勒一樣，他認為神話既是僅存於原始時期的，然而卻又是高度理智的。他宣稱，原始人「有一種理解周遭世界的需求或渴望，受到這種需求或渴望的驅使……他們採用理智的手段，完全像一位哲學家那樣，甚至在一定程度上像一位科學家那樣行事」。從這一點看來，他與泰勒似乎沒有差別。

然而事實上，列維-施特勞斯對泰勒卻作了嚴厲的批評。泰勒認為，原始人創造神話而非科學，是因為他們缺乏現代人那樣的批判性思維。列維-施特勞斯不贊成這樣的觀點，他的看法是，原始人之所以創造神話而非科學，是因為他們的思維方式與現代人不同，這裏他與列維-布留爾也意見相左，因為他認為原始人仍然在思考，而且思維縝密。對泰勒和列維-斯特勞斯兩人來說，神話都是原始思維的縮影。

在泰勒看來，原始思維是人格化的，而現代思維是非人格化的；在列維-施特勞斯看來，原始思維是具體的，而現代思維是抽象的。對各種現象，原始思維用定性的方法思考，現代思維則用定量的方法來思考。它專注於現象中觀察得到的、感官的層面，而不像現代思維那樣，專注於其不可觀察的、非感官的層面：

對這些人[即原始人]來說……世界是由礦物、植物、動物、聲響、顏色、結構、味道、氣味構成的。……原始思維與[現代]科學思維的區別是十分清楚的——並非是對邏輯的渴望程度高低的問題。神話操控那些所感知的性質，而現代思維在現代科學誕生的那一刻就從科學中驅除了這些可感知的層面。（列維–施特勞斯，《列維–施特勞斯訪談錄》，安德烈·阿庫恩等編，第39頁）

可是，與泰勒相對立的是，列維–施特勞斯認為，就科學性而言，神話一點也不比現代科學遜色。只不過神話是「具象科學」的一部分，而非抽象科學的一部分：

科學思維有兩種不同的模式。它們並非人類思維在不同階段的不同功能，而是在對自然作科學探索時兩種戰略層面上的不同功能：一種大體上適應於感知和想像的層面，另一種則遠離它。（列維–施特勞斯，《野性的思維》，第15頁）

泰勒認為，神話是科學本身的原始對應物，而列維–施特勞斯認為，神話是現代科學的原始對應物。神話是原始科學，但並不因此就是低級的科學。

假如神話由於處理具體的、可以觸摸的現象，因而屬原始思維之一例的話，它也是思維本身之一例，

因為它對現象加以分類。列維-施特勞斯認為，所有的人都以分類的方式，特別是以一組組對立物的形式來思考，然後再將它們投射到世界上。許多文化現象表達了這樣的二元對立。神話在解決，或者更準確地說，在調和它所表達的二元對立方面是十分獨特的。泰勒認為神話和科學相像，因為神話超越了觀察而開始解釋，列維-施特勞斯則認為神話是全然科學的，因為神話超越了僅僅是記錄觀察到的矛盾而開始調和它們。這些矛盾無法在情節或神話中找到，而要在列維-施特勞斯著名的所謂「結構」中發現；由此而產生的研究神話的「結構主義」方法本書將闢專章(第七章)進行討論，並對阿多尼斯神話作結構主義的詳細分析。

羅賓·霍頓

泰勒認為神話與宗教對物質世界的解釋是人格化的，而科學的解釋是非人格化的，這一觀點受到了在尼日利亞度過其職業生涯的英國人類學家羅賓·霍頓(Robin Horton, 1932–)的挑戰。霍頓在很大程度上追隨泰勒，因此被人稱作「新泰勒主義者」。這一標籤原本意在貶損，可霍頓卻自豪地接受了。和泰勒一樣，霍頓也認為宗教和科學都是對物質世界的解釋；他也認為宗教的解釋是原始的，而科學的解釋是現代的，不過他更喜歡用不那麼具有冒犯性的說法「傳統的」

來取代「原始的」；他還像泰勒一樣，認為這兩種解釋是相互排斥的。霍頓並非專注於研究神話，不過他和泰勒一樣，都認為神話是宗教的一部分。

泰勒說宗教的解釋是人格化的，科學的解釋是非人格化的，霍頓並沒有在這個層面與之糾纏。但他區別於泰勒之處在於，他將這個泰勒緊抓不放的問題置於次要的位置，稱之為僅僅是「解釋性探索中方式的不同」。與泰勒相反，霍頓認為，解釋事件時採用人格化原因並不比使用非人格化原因更少經驗主義色彩，儘管採用人格化的解釋依舊是不科學的(這點與泰勒相同，但卻與列維−施特勞斯相異)。

泰勒將人格化的解釋歸因於原始人思維方式批判性的不足。原始人總是接受手頭的第一種解釋；他們像兒童一樣，用自己所熟悉的對人類行為的解釋來類比事物。霍頓也認為原始人倚賴於他們所熟悉的事物，但他同時也指出，現代人也是如此。在霍頓看來，熟悉的現象是那些表現出秩序與規律的現象。因為在「複雜、變化迅捷的工業社會中，人類世界總在不斷地流動變化」，所以必須要「在無生命的世界中」尋找秩序和規律。於是，「心靈在尋求用類比的方式作出解釋時，必然地轉向無生命的事物」。與之相反，非洲社會的情形則不同，在那裏無生命世界中的秩序與規律性「遠不如」人類世界中「來得明顯」，在這一人類世界中，「不在家中與親朋一起而

與無生命的事物共處是不可想像的」。因此，「心靈在尋求用類比的方式作出解釋時，就自然地轉向人及人與人之間的關係」。由此，非洲宗教的以下觀點——即認為事件的發生是像人一樣的實體所決定的——在理論上便站得住腳了。

霍頓與泰勒最大的不同在於，他是以情境而非內容為依據來區分宗教的解釋和科學的解釋。他借用了卡爾·波普爾(Karl Popper)的術語，提出宗教的解釋在「封閉的」社會中起作用，而科學的解釋則在「開放的」社會中起作用。在一個封閉的、不加鑒別的社會中，「對於已經確立的理論信條無法發展出取代的意識」。而一個開放的社會則是一個具有自我批判能力的社會，在這樣的社會中「取代的意識已得到高度發展」。在一個封閉的社會中，居於主流地位的信條由於從未受到挑戰，因而具有神聖的地位，對其發出的任何挑戰都會被認為是對神聖的褻瀆。在一個開放的社會中，現存的信條由於隨時會受到挑戰，因而不具有任何神聖的光環，能夠得到合理的評價。

和泰勒一樣，對於阿多尼斯神話，霍頓可能無話可說，而對於《創世記》第一章則可能有很多見解；他會像泰勒一樣，將此章全然地看作是對物質世界起源的前科學解釋，一種現代人在科學的解釋面前無法保留的解釋。現代人要保留它，只能重新界定它的功能或意義，而像泰勒一樣，對這種重新界定他是不能允許的。

與霍頓相反，美國人類學家斯圖爾特・古特力(Stewart Guthrie)把泰勒對宗教的人格化或者擬人化解釋的關注又推到了前臺。對於古特力和泰勒來說，擬人論是構成宗教(包括神話)解釋的核心。不過，古特力與霍頓和泰勒都不同，他認為宗教中和科學中都有擬人化的解釋。霍頓與泰勒認為擬人論是原始人所獨有的解釋世界的方式，而在古特力看來，擬人論是一種近乎普遍的方式。

卡爾・波普爾

　　科學哲學家卡爾・波普爾(1902–1994)出生於維也納，最終定居英國；他與泰勒的分歧比霍頓與泰勒的分歧要深刻得多。首先，泰勒從未解釋過科學是怎樣產生的，因為宗教(包括神話)對物質世界的一切事件提供了一種綜合的、似乎無法證偽的解釋。其次，泰勒認為，科學並非建立在神話的基礎上，而只是取代了神話。但在波普爾看來，科學是從神話中產生的，不過它並非產生於對神話的接受，而是產生於對神話的批判：「由此，科學必然從神話開始，而且必然是從對神話的批判開始。」所謂「批判」，波普爾的意思是評價，而不是摒棄；當這種評價採取了對已認為是真理的命題證偽的形式時，它便具有了科學性。

　　波普爾進一步指出，除了宗教的神話外，還有科

學的神話，這與泰勒的觀點也是對立的，儘管波普爾從未引用過泰勒。科學神話與宗教神話的區別不在於它們的內容，而在於人們對它們的態度。宗教神話被人們教條地接受，而科學神話則隨時可被質疑：

> 我的論點是，我們所謂的「科學」之所以區別於較早的神話，並不在於它本身與神話有甚麼不同，而在於它伴隨一個二階的傳統，此即批判地討論神話的傳統。此前，只有一個一階的傳統。一則確定的神話故事不斷地流傳下來。當然，現在依然是一則故事流傳下來，但卻同時伴隨着一個擁有二階特徵的無聲文本：「我把這則神話傳給你，可你要告訴我，你怎麼看它。請仔細地思考。也許你可以告訴我們一個完全不同的故事。」……我們應該認識到，在某種意義上，科學正如宗教一樣是在製造神話。（波普爾，《猜想與反駁》，第127頁）

波普爾甚至宣稱，科學理論保有神話特徵，因為理論和神話一樣，永遠無法得到證明，只能被反證為不成立，因此「始終在本質上是不確定的，或假設性的」。

我們不清楚波普爾會對阿多尼斯神話作何種闡釋。引起他注意的都是創世神話，因為這些神話大膽地猜測了世界的起源，因此起動了科學理論化的過程。需要特別指出的是，這位波普爾寫過一本書，題

名為《框架神話》，這裏的「神話」與威廉‧魯賓斯坦在其《拯救的神話》中使用的「神話」一詞意義相同：一種堅定不移地所抱持的虛假信念，一種無須進一步檢驗、應該拋棄的信念！

和波普爾一樣，英國古典主義哲學家 F.M. 康福德（F.M. Cornford, 1874–1943）提出，古希臘科學是從神話與宗教中產生的，不過他的觀點僅限於內容，完全不涉及態度。康福德認為，科學使宗教與神話的信仰得以留存下來，儘管是以世俗的形式。康福德主張，古希臘科學只是在後來才割斷了與宗教的聯繫，變成了經驗科學。不過他後來又稱，古希臘科學從未割斷過與宗教的聯繫，也從未變成經驗科學。

泰勒本人確實曾將科學的可驗證性與神話的不可驗證性加以對比，但卻從未具體說明這種驗證的性質：

> 我們接受訓練，以獲取自然科學的事實，而這些事實可以反復地進行驗證；當我們的頭腦轉向那些無法驗證的古老記錄、並看到各方面都顯示它們包含了不可靠的陳述時，我們感到一種從高級驗證層面的跌落。（泰勒，《原始文化》，第1卷，第280頁）

然而，泰勒必須得賦予原始人一定程度的批判能力，不然怎樣解釋神話最終被科學取代的事實呢？難

道不正是最後一代原始人創造了科學，以科學取代了
神話，並鑄就了現代性嗎？

第二章
神話與哲學

神話與科學、神話與哲學之間的關係會有所重疊，因此前一章討論過的理論家很多也都可以放到本章之中。不過，對神話與哲學之關係所持的觀點更加多樣，比如說：神話是哲學的一部分；神話就是哲學；哲學就是神話；神話產生於哲學；哲學產生於神話；神話與哲學相互獨立但功能相同；神話與哲學相互獨立，功能迥異；等等。

保羅‧雷丁

我們不妨回顧一下：泰勒與弗雷澤都認為，神話與科學均歸於哲學之下；列維–布留爾則不贊同這一觀點，他將神話置於科學與哲學的對立面。在他看來，神話中表現出的人與世界的原始同一，與科學和哲學所要求的人與世界的分離是截然相反的。

對列維–布留爾這一觀點最激烈的反對來自於波蘭出生、美國長大的人類學家保羅‧雷丁（1883–1959）。他的重要著述是《作為哲人的原始人》，顧名思義，

標題已經說明了他的觀點。雷丁實際上又回到了泰勒的立場，並對其作了修訂和延展，不過奇怪的是，他在此書中從未提到泰勒的名字。雷丁承認，大多數原始人是遠離哲學的，但他又指出，任何文化中的大多數人亦都如此。他對普通人與傑出人士加以區別，稱前者是「行動者」，而後者是「思想家」：

> 對前者[即行動者]來說，只要世界存在，各種事件不斷發生，他就感到了滿足。至於解釋，那是次要的事。他樂於接受輕易獲得的第一種解釋。說到底，這對他來說完全無關緊要。但是，他對某一類型的解釋表現出明顯的偏向：他偏好那種特別強調一系列事件之間純機械聯繫的解釋。他的心智節奏——如果我可以使用這一說法的話——希望看到的是同一事件無窮無盡的重複，或者充其量是大體處於同一層面的事件無窮無盡的重複。……思想家的心智節奏則大不相同。僅僅假定事件之間存在一種機械的聯繫對他來說是遠遠不夠的。他堅持要說明從一到多、從簡單到複雜的逐漸進步和進化，或是事件之間的因果關係。（雷丁，《作為哲人的原始人》，第232–233頁）

這兩種「氣質類型」在一切文化中都可找到，而且存在的比例也大體相同。依據這一觀點，如果說列維–

布留爾的錯誤在於認為原始人中並不存在思想家，那麼泰勒的錯誤則在於認為所有原始人都是思想家。此外，雷丁認為這一部分原始人具有的哲學才能遠比泰勒賦予神話創作者 —— 他稱呼他們為「野蠻的哲學家」—— 的才能更為敏銳。人們一般認為，如阿多尼斯之類的神話最多只能做到解釋物質世界，而在雷丁看來，原始思辯在神話中體現得最為充分，它遠遠不止是解釋物質世界的種種事件這麼簡單。神話涉及一切類型的形而上論題，例如現實的終極構成等等。與泰勒所認為的相反，更進一步來說，原始人還擁有縝密的批評能力：

> 聲稱原始人缺乏抽象思維的能力，或是系統地組織這些抽象思維的能力，或是對其自身和整個周遭環境作出客觀批評的能力，這些顯然都是不公正的。
>
> （雷丁，《作為哲人的原始人》，第384頁）

卡爾·波普爾和羅賓·霍頓明確表示，批判的能力是思維的標誌。雷丁很可能贊同他們的這一觀點。

恩斯特·卡西爾

德國出生的哲學家恩斯特·卡西爾(1874–1945)對列維–布留爾的態度要和緩得多。卡西爾完全贊同列

維–布留爾的以下觀點：即神話思維，或者說「神話創作的」思維，是原始的，是充滿情感的，是宗教的一部分，並且是神秘的同一在世界上的投射。但是，卡西爾宣稱，神話思維有自己的邏輯，他認為自己在這一點上和列維–布留爾判然有別。實際上，列維–布留爾也說過同樣的話，他造出「前邏輯」一詞就是為了避免給神話思維貼上「不合邏輯」或「非邏輯」的標籤。卡西爾宣稱自己與列維–布留爾的另一不同之處在於，他強調神話作為一種知識形式的自主性——他所認為的其他主要知識形式是語言、藝術和科學：

> 儘管將神話歸屬於某一大的符號形式體系似乎是勢在必行的，這樣做仍會帶來一定的危險。……這很可能會削弱神話作為一種固有的[即獨特的]形式與其他形式之間的差別。事實上也確實如此，把神話簡化為文化生活的又一種形式——不論這種形式是知識[即科學]、藝術，還是語言，並以此來解釋神話的嘗試不勝枚舉。（卡西爾，《符號形式的哲學》，第2卷，第21頁）

但是，卡西爾同時又宣稱，神話與科學是互不相容的，科學繼神話之後誕生：「科學只是在拋棄了一切神話的、形而上的成分之後，才獲得了它自己的形式。」這一點與列維–布留爾並沒有甚麼不同。對卡西爾和列維–布留爾來說，神話絕對是原始的，而科學絕

對是現代的。不過，卡西爾將神話看作知識的一種形式 —— 即人類創造符號、創造世界活動的一種形式，這就將神話置於與科學同樣的類屬中；在這一點上，他與列維－布留爾的看法並不相同。

卡西爾後來認識到，神話不僅是原始的，也是現代的。從希特勒統治下的德國逃亡美國之後，他開始集中精力研究現代政治神話，特別是納粹主義神話。在這裏，神話等同於意識形態。從前他關注的是縹緲的、認識論的問題，現在則轉向了嚴酷的社會科學問題：政治神話是如何站住腳跟、屹立不倒的？從前他嘲笑所謂的列維－布留爾對神話非理性的強調，現在則擁抱這一觀點：

> 在人類社會生活的所有關鍵時刻，抗拒古老的神話概念的理性力量變得不再自信滿滿。在這樣的一些時刻，神話的機會再度來臨。（卡西爾，《國家的神話》，第280頁）

卡西爾將神話與巫術相聯繫，又將巫術與不顧一切想要控制世界的企圖相聯繫；在此他把（特別是馬林諾夫斯基）對原始神話的闡釋運用到了現代神話上：

> [馬林諾夫斯基]對原始社會中巫術和神話之作用的描述同樣適用於人類政治生活的高級階段。人類在

絕境中總是訴諸於不顧一切的極端方式。(卡西爾，
《國家的神話》，第279頁)

卡西爾與馬林諾夫斯基的不同之處在於：他認為無法
控制的世界是人類社會，而非物質世界；他賦予了神
話本身巫術的力量；而最為重要的是，他把神話看作
是現代的。不過，這當中也有一個曲折：卡西爾把現
代神話看作是原始主義復活的返祖現象。

卡西爾之前將神話看作是一種准哲學，現在他卻
斬斷了神話與哲學之間的聯繫。神話絕不再是可以梳
理出一套獨特邏輯的知識形式。哲學的作用被邊緣
化，只剩下向政治神話提出挑戰的功能：

哲學已經沒有能力來摧毀政治神話。從某種意義上
說，神話刀槍不入。理性的論證傷害不了它；邏輯
的三段論無法將它駁倒。但是，哲學對我們來說有
另一大用處：它能使我們理解我們的對手。……當
我們初聽到政治神話時，我們認為它們是如此荒誕
不經、自相矛盾、異想天開、滑稽悖謬，以至認為
自己不可能被說服來嚴肅認真地對待它們。可是，
現在大家都明白了，這是一個巨大的錯誤。……我
們應該仔細研究這些政治神話的起源、結構、方法
和技巧。我們應該直面這些對手，以便懂得怎樣和
它們鬥爭。(卡西爾，《國家的神話》，第296頁)

難以理解這裏提出的研究政治神話的建議為甚麼會是哲學的任務，而非社會科學的任務。此時的神話已經不僅僅是前邏輯的，而是徹底不合邏輯的。比起卡西爾所批駁的列維–布留爾的觀點，他自己的這一立場要極端得多！

法蘭克福兄弟

在哲學中全面運用列維–布留爾和卡西爾理論的是1946年出版的一本書，《古人的智識冒險：論古代近東地區的思辯思維》，作者是一批研究近東的專家。1949年該書以平裝本的形式再版時，主標題與副標題合併成了一個雙重副標題，同時採用了一個語義顯豁的新主標題：《哲學之前》。提出這一理論的是亨利·法蘭克福和 H. A. 法蘭克福(Henri and H. A. Frankfort)；依照他們的觀點，古代近東各民族處在一個原始的文化階段，這一階段可以恰當地稱作「前哲學」階段。古人處於原始階段的説法可以追溯到泰勒和弗雷澤。法蘭克福兄弟認為，現代人的思維是「哲學的」，即抽象的、批判的、不動感情的。哲學僅是採用哲學思維的其中一個領域，真正採用哲學思維的範例是科學。泰勒、列維–布留爾和其他學者也同樣如此廣義地使用「哲學」一詞，幾乎把它當作「智識」的同義語；他們也同樣認為科學是哲學最純粹的表現

形式。法蘭克福兄弟堅稱，古代人與現代人截然相反，他們的思維是「神話創作的」，即具體的、不加批判的、訴諸感情的。神話並非是神話創作思維的唯一表現形式，但也許是最豐富的一種。

事實上，哲學與神話創作的思維方式之間的差別不僅在於關於世界的概念，還在於它們對世界的感知。這一點 列維–布留爾也持同樣立場。在感知世界的方式上，二者「最根本的區別」是，對現代人來說，外在世界是「它」，而在原始人看來，外在世界卻是「你」——這兩個術語出自猶太哲學家馬丁·布貝爾(Martin Buber)。我－它關係是疏離的、理智的，而我－你關係則是相互影響的、情感的——撇開法蘭克福兄弟這本書語義混亂的原主標題不談。我－你關係的範式是愛。

說原始人感知的世界是「你」而不是「它」，就是說他們把世界看作人而非物。久旱逢甘露並非大氣的變化所致，而是因為如神話所述，雨神戰勝了他的敵人。將世界理解為「你」就擦抹掉種種日常的、我－它的特徵。原始人無法區分哪些僅僅是主觀的，哪些是客觀的：他們看到了日出日落，卻看不到地球圍繞太陽運轉；他們看到了顏色，卻看不到波長。他們無法區分表像與真實：對他們來說，一根棍子在水中就是變彎了，而不只是看上去如此；夢是真實的，因為感覺上它是真實的。他們無法區分符號與被符號

化的對象：名稱與名稱的使用者是同一的；搬演神話就意味着它的再次發生——在第四章討論弗雷澤的理論時，我們將會更清晰地瞭解到這一點。

法蘭克福兄弟提出，古代埃及人與美索不達米亞人完全生活在一個神話創作的世界中。從神話創作思維向哲學思維的轉化始於古以色列人；古以色列人將諸神融混為一神，並將其置於自然之外。這樣，古以色列人就為希臘人開創了道路，後者將這個人格化的神變形為潛藏於自然或表像之下的一個或眾多非人格化的力量。當前蘇格拉底時代的想像向經驗科學發生轉變時，對自然最終的「祛神話化」便實現了。

法蘭克福兄弟的論點存在不少問題。第一，他們的神話創作論有時看起來與泰勒的萬物有靈論似乎並沒有甚麼不同，而後者認為原始人與現代人擁有同樣的心智。第二，布貝爾的我－你關係並不包含將物作為人的體驗，而只包含將人作為人的體驗。第三，任何現象都既可被體驗為「它」，又可被體驗為「你」：譬如，一隻寵物和一個病人。第四，沒有一種文化可以將自然絕對地看作是「你」，但同時又能與之疏離到可以進行栽種莊稼之類的活動。第五，將古代近東文化看作完全是神話創作的，把古以色列文化看作主要是非神話創作的，而把希臘文化看作是完全科學的，這樣的劃分實在過於簡單化；對於這一點，F. M. 康福德在他對希臘科學的論述中説得很明白。

儘管如此，法蘭克福兄弟試圖將列維－布留爾的抽象理論應用到具體實例中，這是值得稱道的。他們支持列維－布留爾和卡西爾的觀點，本質上主張神話固然是故事，但卻是獨特的心智之產物。具有諷刺意味的是，他們對列維－布留爾最激烈的批評與卡西爾對後者的批評如出一轍，而且同樣是找錯了目標：正是列維－布留爾本人強調原始思維是獨特的，但並非是不合邏輯的。若將法蘭克福兄弟的理論運用於阿多尼斯神話，會得到和布留爾的理論一樣的結果：這一運用的焦點將是阿多尼斯對世界的情感認同，以及因此造成的對世界的認識不清。

魯道夫・布爾特曼和漢斯・約納斯

儘管卡西爾——尤其是早期的卡西爾——運用哲學的方法來研究神話，他卻從未宣稱神話即哲學。提出這一觀點的是德國神學家魯道夫・布爾特曼（1884－1976）和德國出生、後來移居美國的哲學家漢斯・約納斯（1903－1993）。他們兩人不僅將哲學的意義即當作神話的意義——這是取自存在主義者馬丁・海德格爾（Martin Heidegger）早期的觀點，而且完全僅限於對意義問題的討論。不論是神話的起源還是功能都不是他們的興趣所在。對他們來說，神話是非活動的一部分。就像某些空想人類學家一樣，他們把神話看作一

個自治的文本，但是不同於泰勒，他們對神話的起源和功能問題連空想一下都沒有。

不可否認的是，布爾特曼和約納斯兩人都以存在主義的話語來轉述神話，以期使它的意義更適合現代人的口味；可是，他們卻沒有探討人們為甚麼需要神話的問題，尤其是在神話所傳遞的信息和哲學相一致的情況下。譬如，他們並沒有提出，神話是傳達抽象真理的一種更易讓人理解的方式，就像文學之於亞里士多德。由於他們研究的神話是宗教的(布爾特曼研究的是《新約》，約納斯研究的是諾斯替教[1])而非哲學的，他們的理論我們將放在下一章「神話與宗教」中作更詳盡的討論。

阿爾貝・加繆

法國存在主義作家阿爾貝・加繆(Albert Camus, 1913–1960)對古希臘西緒福斯神話的著名闡釋，可以看作是將神話簡化為哲學的一個更為具體的例證。根據這則神話，西緒福斯是英雄奧德修斯在塔耳塔羅斯遇到的人物之一(塔耳塔羅斯是冥府中囚禁觸怒宙斯者的所在)；西緒福斯遭受的懲罰是，他須將一塊巨石推

1　一種融合多種信仰、把神學和哲學結合在一起的秘傳宗教，強調只有領悟神秘的「諾斯」，即真知，才能使靈魂得救。公元1至3世紀流行於地中海東部各地。

上陡峭的山頂，而當他每次接近山頂時，巨石就會滾落下來，於是他只得再次推石上山，這樣推而復墜，墜而復推，永無休止。奧德修斯這樣描述他看到的景象：

> 我也看到了西緒福斯。他遭受着巨大的痛苦，
> 雙臂摟抱巨石，掙扎着
> 手腳並用，試圖將它往上推，
> 直到推上山頂。可是，每當他到達頂點，
> 要將巨石推落懸崖之時，重力的作用又把它拽回，
> 直到無情的巨石滾落山底。於是，他只得
> 再次推石上山，肌肉繃緊，汗流浹背，
> 大團的灰土罩於頭頂。(荷馬，《奧德修紀》，第593–600行)

荷馬沒有告訴我們西緒福斯究竟犯了甚麼事，而古代的權威典籍在這一問題上也莫衷一是。不過，古人都對西緒福斯的遭遇表示同情。而加繆則認為，西緒福斯應該受到讚揚。他並非體現了敢於違抗神意的少數人類將會遭遇的命運，而是象徵了必將生活在一個無神的世界上的全體人類的命運。西緒福斯之所以應該受到讚揚，是因為他接受了人類存在的荒誕性，這種荒誕性更多地是表現在無意義，而非不公正。儘管西緒福斯清醒地意識到他的每一次努力都是徒勞，他依然選擇了忍耐和堅持，而不是放棄和自殺。他的行為是這個無神的、因而是無意義的世界所允許的唯

——一種英雄行為。加繆利用西緒福斯神話戲劇性地描述了人類的生存狀態。

　　布爾特曼和約納斯分析的那些神話曾是（就布爾特曼的情況而言，現在仍是）宗教的一部分，而西緒福斯神話也曾是如此。但是加繆像布爾特曼和約納斯一樣，也將神話看作一種自治的文本，與任何實踐的、體制化的宗教都是分離的。對他們三人來說，神話是一種哲學故事，因為說到底，他們認為神話即哲學。

SISYPHE CONDAMNÉ A ROULER UNE PIERRE SUR LE HAUT
D'UNE MONTAGNE, D'OÙ ELLE RETOMBE À L'INSTANT.

Sisyphus's Stone.

Des Sisyphus unaufhörliches Steinwältzen.

De opgewerkte steen van Silyphus, rolt t'elkens te rug

圖2　《西緒福斯在塔耳塔羅斯》，18世紀版畫，B. 皮卡爾作

第三章
神話與宗教

在宗教研究的領域內對神話進行探討，自然會將神話歸於宗教之下，也因此神話所面對的科學的挑戰就是宗教所面對的挑戰。20世紀從宗教研究角度出發的諸種神話理論，都在尋求調和科學與宗教的關係，以此達到調和科學與神話關係的目的。

調和二者的關係主要有兩種策略。一種是重新界定宗教以及神話的主題。這種方法提出，宗教不是關於物質世界的，因此它不受科學的任何侵害。在此種研究宗教的方法下探討的神話都是傳統神話，譬如《聖經》神話和古典神話，但現在對它們的解讀是在象徵意義上進行的，而非字面意義上的。這種觀點宣稱，神話之所以被認為與科學水火不容，是因為神話被誤讀了。泰勒激烈地反對「道德寓言」論者和「神話即歷史」論者對神話超出字面意義的解讀，這正代表了泰勒本人對神話的誤讀！

另一種策略是將那些看似世俗的現象升級為宗教現象。作為這種提升的一部分，神話不再僅被限定為帶有顯著宗教色彩的古代故事。世俗色彩明顯的現代

神話出現了。例如，講述英雄業績的故事表面上看來是關於凡人的，但這些凡人的地位被提升得如此之高，以至遠遠凌駕於普通大眾之上，實質上成為了神。同時，這些「神」的行為又並非是超自然的，因此與科學並不存在衝突。這一方法維持了對神話的字面解讀，但對神話中使然力的實際地位重新作了分類。

還有第三種策略，那就是用世俗神話取代宗教神話。這種策略通過將神話和宗教區別開來，拯救了神話，使其免遭宗教的命運。這一策略與第二種策略——即將世俗神話轉變為宗教神話——是截然相反的。顯而易見，由於這一策略將神話與宗教割裂，因此它不在本章的討論範圍之內。

魯道夫·布爾特曼

對傳統的宗教神話從象徵的角度加以解析，其最重要的代表人物是魯道夫·布爾特曼和漢斯·約納斯，上一章已經對他們作了簡略的討論。如前文所述，他們兩位都局限於自己的專業研究領域，即基督教與諾斯替教，但他們的研究畢竟運用到了神話理論。

若從字面意義來看，布爾特曼的所見與泰勒會完全一致：神話是對世界的一種原始解釋，是一種與科學解釋互不相容的解釋，因此是只認科學的現代人無法接受的。若從字面意義加以解讀，布爾特曼必然會

像泰勒一樣毫不妥協地摒棄神話。然而，與泰勒不同的是，布爾特曼是從象徵的層面來解讀神話的。用他廣為人知(但卻極易令人混淆)的說法就是，他要將神話「解神話化」；這個詞的意思並不是要消滅神話或者將神話「祛神話化」(即去除神話的神話色彩)，而是要抽取出神話真正的、象徵的意義。拿挪亞方舟的神話來說，一方面尋找發生過世界範圍大洪水的切實證據，另一方面摒棄有關存在裝載着所有生物的方舟的神奇說法，這就是所謂將「挪亞方舟神話」祛神話化。但若將大洪水解釋為人類生活危機四伏的一種象徵性表述，那就是對這則神話的解神話化。

解神話化之後，神話不再是對世界的描述，而變成了人類對世界的體驗。解神話化之後，神話不再是一種解釋，而變成了一種表達，一種對生活在這個世界上的「感覺」的表達。神話不再僅僅是原始的，而變成了普遍的；它不再是虛假的，而變成了真實的。它描述了人類的狀況。用布爾特曼的話來說就是：

> 神話的真正目的並非呈現一幅關於世界的客觀圖景，而是表達人類在其所生活的這個世界上對自我的理解。因此，神話不應從宇宙論的角度來闡釋，而應從人類學的角度——或者更進一步，從存在主義的角度——來闡釋。(魯道夫·布爾特曼，《〈新約〉與神話》，第10頁)

拿《新約》這一典型例證來說，若從字面進行解讀，它描述了善與惡的存在為爭奪物質世界的控制權而展開的宇宙之戰。這些超自然的力量不僅像泰勒所認為的那樣干預自然的秩序，而且干預人類的生活。善的存在引導人們為善，而惡的存在則強迫人們作惡。若從字面進行解讀，《新約》描述了一種前科學的世界觀：

> 世界被看作一個三層的結構：塵世居中，天堂在上，冥府在下。天堂是上帝和天神——即天使的居所。冥府即地獄，是永受折磨之處。即使塵世也不僅僅是自然的、日常的事件和平凡瑣屑的勞作發生的場所。這裏也是超自然活動發生的場所；一邊是上帝和他的天使，另一邊是撒旦和他的惡魔。這些超自然的力量干預自然的進程，也干預人類的一切思想、意願和行為。奇跡時有發生，絕非罕見。人類無法控制自己的生活。邪靈可以附身。撒旦可以向他灌輸邪惡的念頭。另一方面，上帝也會對他加以感化，指明他人生的目的。（布爾特曼，《〈新約〉與神話》，第1頁）

解神話化之後，《新約》依然在一定程度上指涉物質世界，但現在統治這一物質世界的是一個唯一的、非人格化的、超驗的上帝；這個上帝並不具有人的形態，也不施行神跡來對世界進行干預：

神話表達了對人類存在的某種理解。它相信存在某種遠遠超出我們理解和控制的力量，世界和人類的生活都在這一力量的掌控之下，有其範圍，有其界限。神話對這一力量的表述是不恰當的、不充分的，因為神話將它表述為一種塵世的[即物質的]力量。它[正確地]描述了代表着超越可見的、可以理解的世界之力量的諸神，[但]卻將諸神描述得好像是人，將他們的行為描述得好像是人的行為。……可以說，神話賦予了超驗的現實一種內在的、現世的客觀性。（布爾特曼，《耶穌基督和神話學》，第19頁）

解神話化之後，上帝依然存在，撒旦卻變成為只是一個符號，象徵着人類自身的種種罪惡傾向。被罰入地獄並非指向未來的某處，而是指向某人時下的心理狀態──只要此人拒不接受上帝，這種被罰入地獄的罪惡感就會一直存在。獲得拯救指的則是某人一旦接受上帝之後的心態。有形的地獄並不存在。地獄象徵着因上帝缺場而產生的絕望。天堂並不是指天上真實存在的某處，而是指上帝在場時的歡樂。上帝的統治並非通過宇宙的劇變在外部世界中實現，而是產生於人擁抱上帝之後的內心。

總的來說，解神話化之後的《新約》呈現了對世界的兩種截然相反的體驗：那些尚未發現上帝的人感到了自我在這個世界上的異化，而那些發現了上帝的

人則感到在這個世界上舒適自在。在那些不信上帝的人看來，世界是冷漠的、無情的、可怕的，而在那些信仰上帝的人看來，世界是溫暖的、誘人的、安全的。

若從字面意義來看，神話作為對物質世界的人格化解釋，與科學是不能相容的，因此也是現代人無法接受的：

> 通過科學和技術，人類對世界的認識和掌控已經發展到了一個相當的高度，以至任何人都不可能再認真地以《新約》的世界觀來看待世界了——事實上也沒有人這樣做。……我們已不再相信被教義視為理所當然的三層結構宇宙。(布爾特曼，《〈新約〉與神話》，第4頁)

然而，一旦解神話化之後，神話就可以與科學共存了，因為現在它一方面指涉超驗的、非物質的世界——泰勒對不包含神話的現代宗教便持這樣的觀點，另一方面更指涉人類對物質世界的體驗。

布爾特曼作為神學家不僅僅敦促現代基督徒接受《新約》，而且為他們指出應該如何接受它，那就是將《新約》轉化成存在主義的話語。不過，他認為之所以有必要這樣做，並非是因為不作這樣的轉化，現代人就不可能接受基督教《聖經》，而是因為《聖經》的真正意義從來都是存在主義的。

然而，說神話可以被具有科學頭腦的現代人所接受，這並不等同於說它為甚麼應被接受。布爾特曼為神話提供了一個現代的主題，卻沒有提供現代的功能。也許對他來說，功能是不證自明的：即描述人類的存在狀態。可是為甚麼要勞神費力地去描述人類的存在狀態呢？又為甚麼要使用神話來作這種描述呢？布爾特曼無法宣稱神話揭示了人類的存在狀態，因為他本人是利用哲學來發現神話中的這一意義的。

　　進一步說，即使在解神話化之後，對現代人來說，只有在上帝的存在是可接受的情況下，神話才是可接受的。儘管布爾特曼急切地期望具有科學頭腦的現代人接受神話，他卻並不準備將上帝解釋為不存在，即將上帝袪神話化。人們要接受神話，就必須繼續信仰上帝，不論上帝的概念是何等複雜。今天，神話要為人們所接受就必須與科學和諧共處，但僅這一點是遠遠不夠的。

　　布爾特曼會如何闡釋阿多尼斯神話呢？毫無疑問，他會將阿多尼斯身處的不同世界進行比較。阿多尼斯的身邊總是存在着一個溺愛的女神，他身處一個子宮般的世界中，處處得到關愛，遠離一切危險。他沉浸於這樣的一個世界中，以至於根本感覺不到「真實」世界的危險(在奧維德的版本中，維納斯竭力地想要告誡他這些危險)。在解神話化之後，這則神話就成為了對世界的兩種截然相反的體驗之描述 —— 這裏不

是世俗的相對於宗教的，而是嬰兒的相對於成人的。

　　需要指出的是，布爾特曼的觀點事實上存在着前後矛盾。儘管他似乎將神話本身看作是對人類生存狀態的一種象徵性表達，但他對產生基督教的古代神話——猶太人的啟示神話和諾斯替教神話——是從字面意義進行解讀的。這樣，他的解神話化似乎就僅限於基督教；但這又造成了另一個矛盾：他宣稱自己的觀點受益於同為存在主義者的約納斯對諾斯替教開創性的解神話化研究！

漢斯·約納斯

　　漢斯·約納斯提出，對於人類的存在狀態，古代的諾斯替教所呈現的根本觀念和現代的存在主義——但他所指的是無神論的存在主義，而非布爾特曼所指的宗教存在主義——是相同的。諾斯替教和存在主義都強調了人類之於世界的激烈的異化：

> 存在主義的本質是某種二元論，即人與世界的疏離……[只是]在一種情形下……這種疏離的狀態以災難性事件般的猛烈強度得到了實現：這就是諾斯替教運動。（約納斯，《諾斯替宗教》，第325頁）

　　但是，不同於力求彌合基督教與現代性之間分歧

的布爾特曼，約納斯承認諾斯替教與現代性之間的差異。因此，他並不試圖說服現代人皈依諾斯替教。古代的諾斯替教與主流的基督教教義不同，它將非物質性與物質對立起來；由此，人即使在發現了真正的上帝之後，依然和物質世界相疏離。事實上，只有在摒棄物質世界及其虛假的神之後，這個真正的上帝才能被發現。諾斯替教徒克服與世界之疏離的方式，只能是超越它。不過，對諾斯替教徒來說，這種疏離只是暫時的，而對現代人來說，這種疏離則是永恆的。然而約納斯認為，諾斯替教神話仍然對現代人具有意義，而且是對現代的懷疑主義者具有意義，並非如布爾特曼所認為的，是對現代信徒而言。神話之所以可以做到這一點，是因為在正確理解的前提下，神話探討的不是世界的本質，而是人對這個世界的體驗的本質。像布爾特曼一樣，約納斯通過重新界定神話的主題尋求神話與科學的和解。

為了使古代的諾斯替教更易為現代人所接受，約納斯像布爾特曼一樣，必須繞過神話中超出科學範圍的方面，即表述世界起源或未來的那些內容。他指出，人類與世界相疏離這一事實，而非探討其根源或尋求解決的途徑，才是神話解神話化之後的主題。因此，諾斯替教關於神性、神性放射、造物主神和物質世界的描述通通被忽略，而首要被忽略的就是諾斯替教對從物質世界逃離的期待。簡言之，諾斯替教神話

的龐雜內容被簡化為只剩下神話——它的某些內容被拋棄，某些內容被祛神話化，正如一切神話之於泰勒那樣。

和布爾特曼一樣，約納斯也沒有向現代人說明神話的功能究竟是甚麼。即使說神話旨在表達人類的存在狀態，為甚麼這種表達是必要的呢？更不用提既然哲學一直所起的就是這一作用，為甚麼還要通過神話來表達呢？約納斯沒有給出任何答案。他和布爾特曼一樣，只局限於神話的意義或主題，不及其餘。

布爾特曼和約納斯的神話研究方法與泰勒的幾乎完全相反。泰勒理所當然地認為，對神話認真嚴肅的研究只能是從字面意義出發的。對他來說，「道德寓言」論者和「神話即歷史」論者對神話所作的象徵意義上的闡釋，其實是把神話瑣屑化了。布爾特曼和約納斯，以及其他一些理論家如約瑟夫·坎貝爾，則提出了截然相反的觀點：對神話認真嚴肅的研究只能是從象徵層面出發的。泰勒認為，神話對原始人來說是可信的，是因為他們只從字面來理解它；布爾特曼和約納斯則認為，神話對早期基督徒和古代諾斯替教徒來說是可信的，是因為他們從存在主義的層面來理解它。泰勒提出，神話之所以對現代人來說是不可信的，正是因為他們正確地從字面來理解它；布爾特曼和約納斯卻提出，只有在現代人正確地從象徵層面來理解它時，神話對他們而言才是可信的。不過，泰勒

真正反對的是那些為原始人象徵地解讀神話的理論家，而非那些為現代人象徵地解讀神話的理論家。因此，他對布爾特曼和約納斯的抨擊主要集中在他們關於早期基督徒和古代諾斯替教徒的觀點，而非他們關於現代人的觀點。

具有諷刺意味的是，泰勒、布爾特曼和約納斯在他們的著述中都採取了捍衛神話的立場。其區別在於，泰勒表示在科學之後需要放棄神話，而布爾特曼和約納斯則表示在科學之後需要對神話的真正意義作出解釋。這一意義並非現代人為了拯救神話而現編出來的，而是神話從來就具有的，只是在沒有受到科學的擠壓和威脅前，它未曾被充分認識到罷了。通過迫使現代人回到古老的神話文本去發現神話一直在訴說的意義，科學將一種必要轉變成了一種美德。

米爾恰·伊利亞德

著名人物的理想化傳記往往將他們描述成近乎神的存在，而他們的傳奇故事也成了神話。例如，第一次海灣戰爭甫一結束，被稱作「暴風諾曼」的美軍最高統帥施瓦茨科普夫(Norman Schwarzkopf, Jr.)的傳記便紛紛問世，狂熱吹捧他為世界上最聰明、最勇敢的戰士；他是如此地高於他人，以至於幾乎已不是凡人。

研究這一現象的主要理論家是出生於羅馬尼亞、

生命中最後30年在美國度過的宗教史家米爾恰‧伊利亞德(1907–1986)。與布爾特曼和約納斯不同，伊利亞德並非通過從象徵的層面闡釋神話來調和神話與科學的關係；他像泰勒一樣從字面意義解讀神話。他不像布爾特曼和約納斯那樣改動神話的功能；在他和泰勒看來，神話是對現象的一種解釋，而且嚴格說來，是對其起源而非僅對其反復發生的狀況的解釋。他也不像布爾特曼和約納斯那樣試圖將傳統神話現代化；但是和泰勒不同，他也並非只是固守傳統的、具有鮮明宗教色彩的神話，而是轉向現代的、看似非宗教性的神話。不過，他不像布爾特曼和約納斯那樣力圖調和這些神話與科學之間的關係，而是直接訴諸於這些神話存在的事實，指出它們與科學的相容性：如果現代人 —— 伊利亞德和其他人一樣認為他們擁有科學 —— 也擁有神話，那麼，神話與科學就必然是相容的。

伊利亞德界定神話的標準是，如果一則故事將一項非凡的業績歸於其描述對象，以至將這個對象轉變成了超人的形象，那麼這則故事就是一個神話。神話描述在遠古的、「神聖的」時代，神和近乎神的存在如何創造出一種至今留存的現象。這種現象可以是社會的，也可以是自然的，如婚姻或下雨：

> 神話告訴我們一種現實是如何通過超自然存在的作
> 為而產生的；這種現實可以是整個現實，即宇宙，

> 也可以只是現實的一個部分 —— 如一個島嶼、一
> 種植物、人類的某種特殊行為、一種習俗。（伊利亞
> 德，《神話與現實》，第5–6頁）

真正的神被認為創造了自然現象，而「文化英雄」則
被認為創造了社會現象。神話中的功績就是創造。

　　對伊利亞德來說，神話的功能並不止於解釋。解
釋僅是達成目的的一種手段，而這個目的就是再生。
聆聽、閱讀，特別是重演一則神話就是通過魔法的力
量重新回到這則神話誕生的時代，回到這則神話所解
釋的現象起源的時代：

> 既然對宇宙起源神話的儀式性再現暗示着這一原始
> 事件的再度發生，那麼可以得出以下結論：這一
> 神話表演的觀眾將在魔力的作用下被投射「到彼
> 時」，到「世界的原初」；觀眾變成了宇宙起源的
> 見證人。（伊利亞德，《神聖與世俗》，第82頁）

神話就像一張魔毯，但是它只向一個方向飛。通過將
人帶回到太古蠻荒時代，神話使人與諸神重聚，因為
那個時候的人與神是最接近的，正如《聖經》中「天
起了涼風，耶和華神在園中行走」（《創世記》3:8）所
示。這一「重聚」扭轉了人類被逐出伊甸園之後與諸
神分離的狀態，使人在精神上獲得更生：

> 簡言之，這裏所包含的是一種向太初時代的回歸，
> 其療治的目的是令生活重新開始，是一種象徵意義
> 上的再生。（伊利亞德，《神聖與世俗》，第82頁）

神話最終的報償是經驗性的：與神性相遇。沒有任何其他神話理論比伊利亞德的更植根於宗教之中了。

顯而易見，科學不能提供再生的功能。科學只有解釋的功能。因此神話能起到科學起不到的作用。然而，伊利亞德認為神話留存下來的主要原因並非在於它具有獨特的功能，而在於神話的這一功能不僅對原始人起作用，而且對現代人同樣起作用。伊利亞德指出，現代人自以為他們是極端理性的、智慧的、非感情用事的、具有遠見卓識的——一句話，是科學的；然而即使是他們也同樣離不開神話：

> 現代人欣賞隱藏在戲劇中的神話，閱讀隱藏在書本中的神話，關於現代人的神話可以寫成厚厚一大卷書。被稱作「夢工廠」的電影承襲和借用了無以數計的神話母題——英雄與怪物的搏鬥、成人儀式的戰鬥和試煉、範式的人物和意象（童貞的處女、英雄、天堂的景象、地獄，如此等等）。即使一般的閱讀也包含了神話的功能……因為通過閱讀，現代人成功地實現了「對時間的逃避」，這類似於通過神話實現的「在時間中的浮現」。……閱讀將他從

個人的時間綿延中投射出來，融合進其他的節奏，讓他生活在另一種「歷史」中。(伊利亞德，《神聖與世俗》，第205頁)

戲劇、書籍與電影之所以和神話相像，是因為它們在日常的世界之外揭示了另一個、往往更早的世界的存在；這個世界中非凡的人物和事件與傳統神話中所描述的那些人物和事件相似。而且，這些人物的行為對日常世界的現狀作出了解釋。最為重要的是，現代人沉浸在這些戲劇、書籍和電影中，以至想像自己回到了神話時代。布爾特曼和約納斯提出現代人可以擁有神話，羞羞答答，欲言又止，而伊利亞德宣稱現代人就是擁有神話，卻說得理直氣壯，毫不含糊。如果連無神論者也擁有神話，那麼，神話就必然不像布爾特曼和約納斯所稱的那樣，僅僅是可以為現代人所接受而已；它是不可避免的。它是泛人類的。泰勒和弗雷澤認為神話是世俗化過程的犧牲品，伊利亞德則提出，真正意義上的世俗化根本就沒有發生過。宗教和與之相隨的神話都留存了下來，只不過是「改頭換面」了罷了。

對於好像遠非講述甚麼英雄業績的阿多尼斯神話來說，伊利亞德的理論如何得到應用呢？和伊卡洛斯、法厄同[1]等其他希臘神話中的反英雄一樣，阿多尼

1　伊卡洛斯是希臘神話中著名建築師和藝術家代達羅斯的兒子。為了逃

斯也認為自己是無所不能的。而事實結果是，他和這些反英雄一樣，無視這個世界的種種危險，由於自戀式的魯莽而喪了命。

小約翰·F.肯尼迪(John F. Kennedy, Jr, 1960–1999)[2]就是一個現代的阿多尼斯；他是許多人心目中的英雄，是女性無法抗拒的一個性象徵。但是他作為一個飛行新手，在完全缺乏準備的情況下，不顧維納斯式的警告，不安分地堅持在惡劣的天氣條件下飛行，結果喪失了生命。他從天上栽下地面殞命的過程更使他與伊卡洛斯和法厄同等同起來。全世界對小肯尼迪的哀悼正是人們為一個出師未捷的英雄所發出的，而不是為了一個功成名就的英雄。

更切合伊利亞德理論的一個人物應該是無可爭議的英雄喬治·華盛頓(George Washington, 1732–1799)，他是所有美國人所尊崇的國父。他先是在獨立戰爭中擔任總司令，率領大陸軍抵抗英軍，並最終於1781年擊敗了敵人。隨後他退出了公眾生活，但後又回來主持制憲會議；由於他必不可少的支持，美國憲法才得以簽署。1789年，他被(總統選舉團)一致推選為美國第一任總統，後又再一次全票連任，而且假如他願意

離克里特的迷宮，他和父親用蠟將羽毛黏結成翼，飛出克里特，但由於他忘記父親警告，飛得離太陽太近，蠟翼融化，墮海而死。法厄同是希臘神話中太陽神赫利俄斯的兒子，他駕太陽神的四馬金車出遊，因不善駕馭，幾乎將大地燒毀，因此被宙斯用雷擊死。

2　美國總統肯尼迪之子，因駕駛私人飛機失事而英年早逝。

的話，還會再度連任。人們對他是如此敬畏，以致許多革命者擔心他或他的支持者們會建立起一個君主專制政權，從而斷送獨立革命為之奮鬥的共和目標。他卻抵制住了這一誘惑，這就為他贏得了更多的尊敬。

在華盛頓在世和他身後的很長一段時間裏，美國人對他的尊敬近於神化，形成了某種實質上的個人崇拜。不要說在他連任總統期間和之後，甚至在他任職之前也是如此：錢幣上印着他的頭像；不可計的繪畫與雕塑描摹他的形象；數不清的歌曲與詩篇歌頌他的業績；縣鎮以他的名字命名；每逢他的誕辰都會舉行隆重的慶祝儀式；無論他走到哪裏都會受到盛大的歡迎。在伊利亞德看來，神話膜拜的是其故事主體在物質世界或社會中確立起來並留存至今的成就——以國父華盛頓的例子來說，這一成就就是美國自身。一位歷史學家描述了華盛頓任職總統期間人們慶祝他誕辰的盛況，從中可見對他的「狂熱崇拜」：

到了 1791年，在華盛頓就任美國總統兩年之後，為他的誕辰而舉行的帶有「君主」色彩和「偶像崇拜」意味的慶祝活動已經成為了一項舉國的習俗。這一日普天同慶，哪怕再小的市鎮都沒有不舉行舞會和歡宴的。……這是一個全國性的活動，只有 7月4日國慶日在熱烈與鋪排程度上堪與相埒。對美國人來說，美國的誕生與華盛頓的誕辰都已經成為

圖5　小約翰·F. 肯尼迪，八卦雜誌《我們週刊》，2000年6月

了應該紀念的里程碑。……華盛頓誕辰的紀念活動具有宗教儀式的性質。……華盛頓的生日真正成了一個神聖的日子：這是人們團結一致的一天，這是國家的神聖不可侵犯和在這一點上所體現出的人民的力量再次得到確認的一天。(施瓦茨，《喬治·華盛頓》，第77–79頁)

即使在華盛頓逝世很久之後，為他的誕辰所舉行的慶祝活動其目的亦不僅是為了紀念他的功績，更是為了重新賦予這些功績和他本人以生命力(這一天直到今天依然是一個全國性的節日)。慶祝活動(即儀式)的一

圖6 《喬治·華盛頓前往約克敦》，1824-1825，倫勃朗·皮爾作

部分是再現他一生傳奇(即神話)中的輝煌時刻。在美國，隨處可見「喬治·華盛頓曾在此留宿」的標牌，它正表明了伊利亞德所提出的神話的終極功能：提供與神接觸的機會。

當然，懷疑者會提出異議。一個人類英雄，無論他受到怎樣的尊崇，可以和神相提並論嗎？慶祝活動真的等同於膜拜嗎？對於一個已故的英雄人物生平的紀念當真能使他死而復生嗎？參加慶典的人們當真相信他們在現實中回到了歷史的過去，而不認為這僅僅是自己的想像嗎？既然社會科學解釋了英雄持久的功績，那麼還有甚麼是需要留待神話來解釋的呢？伊利

亞德要為神話在科學的、現代的世界中贏得一席之地的努力頗具感染力，但他的觀點真的是令人信服的嗎？

第四章
神話與儀式

通常認為，神話是文字的組合，往往表現為故事的形式。我們可以閱讀或者聆聽一則神話。神話講述了一些事情。然而，還存在着另外一種研究神話的方法，它認為以上觀點都是人為強加的。根據神話與儀式理論，或者說神話–儀式主義理論，神話本身並不存在，而是與儀式結合在一起的。神話不僅是一種陳述，而且是一種作為。這一理論中最不妥協的觀點宣稱，一切的神話都伴隨儀式，一切的儀式亦都伴隨神話。一些較為溫和的觀點則認為，某些神話可以在脫離儀式的情況下得以興盛，反之亦然。換句話說，神話與儀式可能最初共同發揮作用，但後來卻分道揚鑣了。或者是，神話與儀式可能各有不同的起源，但其後卻聯合起來了。不論神話與儀式的關係究竟如何，神話–儀式主義理論探討的重點就是這一關係，這一點與其他的神話理論相異，也與其他的儀式理論不同。

威廉·羅伯遜·史密斯

神話–儀式主義理論的開創者是蘇格蘭《聖經》學

者和阿拉伯文化專家威廉・羅伯遜・史密斯（William Robertson Smith, 1846–1894）。史密斯在其《閃米特宗教講演錄》中提出，對於現代宗教來說，信仰是至關重要的，而對於古代宗教則不然；在古代宗教中，至關重要的是儀式。他認為，古代人施行儀式自然是有理由的。不過，這理由是次要的，甚至可能變來變去。這理由就是一則故事，即一則神話，而非正式宣告一種信仰或一個信條；這則神話就是對「在神的指示下或按照神的直接榜樣，儀式最初得以確立的情形」的描述。

神話本身是「次要的」。儀式是強制性的，神話則是可選擇的。一旦儀式確立，任何神話都可與之相合。甚至可以說，神話是在最初賦予儀式的非神話原因被遺忘之後，才得以產生的：

> 神話僅是對某種宗教用途的解釋；一般來說，直到這種宗教用途的原初意義在一定程度上被湮沒，這一解釋才可能產生。（史密斯，《閃米特宗教講演錄》，第19頁）

史密斯雖然是提出神話必須和儀式擺在一起來理解的第一人，但這絕不意味着在他的理論中，這一關係兩端的神話和儀式是同等重要的。在史密斯看來，無論沒有神話儀式會不會消失，沒有儀式就絕對不會有神話。

由於阿多尼斯是一個閃米特神，因此史密斯在他

的《講演錄》中談到了阿多尼斯。史密斯有一個總的觀點，即古代宗教沒有罪的意識，因此獻祭 —— 儀式的主要形式 —— 並非悔罪的表示；在此前提下，他從非道德的、神話的角度解釋為死亡的阿多尼斯所作的儀式性「慟哭與哀悼」，並將之與較晚產生的、「耶穌基督是為人類的罪而死的基督教觀念」加以對照：

> 對於一年一度的儀式的解釋，如果除了某個神死而復生的故事之外，還提供了其他更多的描述(譬如阿多尼斯神話)，那麼這些額外的解釋應是來源於自然界萬物的枯朽與再生。迦南人的阿多尼斯 —— 他們稱之為坦木茲[1]……被其膜拜者看作是自然界萬物生長與豐產的本源。他的死亡因此意味着自然界生命的暫時中斷……膜拜者對這一自然界生命死亡的哀悼乃是出於一種自然而然的感同身受，並不包含任何道德的觀念，正如現代人看到秋天樹葉凋零時心生感傷一樣。
> (史密斯，《閃米特宗教講演錄》，第392頁)

換句話說，最初存在的只是對阿多尼斯神的獻祭儀式，以及施行這一儀式的不知甚麼非神話原因。這個儀式不僅包含了獻祭的殺戮，還包含了對阿多尼斯的哀悼，以及對他死而復生的期盼。一旦施行這一儀式的原因被遺忘，阿多尼斯作為植物之神死而復生的神

1　坦木茲是美索不達米亞崇拜的化育之神，體現春天萬物復蘇的力量。

話就被創造出來，以此對原先的儀式作出解釋。作為一則異教的而非基督教的神話，阿多尼斯神話不認為獻祭的殺戮是有罪的。史密斯理論的一個主要局限是，它只解釋了神話而沒有解釋儀式，儀式被假定為當然的存在。其另一局限是，它顯然使得神話受限於儀式——儘管史密斯在探索神話的後續發展時脫離了儀式。然而，正如史密斯自己所承認的那樣，即使把它當作是一種通常包含了神的作為的對儀式的解釋，神話從誕生之日起也不僅僅就是儀式而已。

E.B. 泰勒

史密斯宣稱神話是對儀式的一種解釋，這就否定了E.B. 泰勒所主張的關於神話的經典的、標準的概念。我們不妨回顧一下：依照泰勒的觀點，神話是對物質世界的一種解釋，而非對儀式的解釋，它獨立於儀式之外發揮作用。神話是一種陳述，而不是一種作為；它等同於信條，並且只以故事的形式呈現。在泰勒看來，儀式之於神話是次要的，正如在史密斯看來神話之於儀式是次要的。史密斯的神話以儀式為先決條件，泰勒的儀式則以神話為先決條件。泰勒認為，神話的功能是解釋世界，且這種解釋本身就是目的；儀式運用這一解釋來掌控世界。儀式是神話的應用，而不是神話的主題。神話的主題依舊是世界。在宗教

中神話是比儀式更具重要性的一個方面，這既是因為儀式取決於神話，更是因為在泰勒看來，解釋比掌控更為要緊。因此史密斯宣稱「原始時代的宗教並不是一套有其實際應用的信仰體系」，而是「固定的傳統習俗所構成的一個整體」，這可以被看作是直接針對泰勒的反駁。

但是，在一個關鍵的方面，史密斯與泰勒所持的觀點相同。他們兩人都認為，神話是完全屬古代的。現代宗教不包含神話，也不包含儀式。神話與儀式不僅是古代的，而且是原始的。事實上，他們都認為古代宗教只是原始宗教的一個實例，而從根本上說，原始宗教又是現代宗教的反襯物。泰勒提出，現代宗教不包含神話與儀式，是因為它不再關乎物質世界，而是成為了倫理學與形而上學的結合物；史密斯則認為，它是倫理學與信條的結合物。泰勒認為，由於缺少了神話，現代宗教從其古代和原始的崇高地位上跌落下來；史密斯則認為，由於割裂了與神話、乃至儀式的聯繫，現代宗教實現了自其古代與原始之起源的一次飛躍。在史密斯看來，現代宗教的縮影就是他本人反天主教、因而是反儀式的長老會教義。泰勒和史密斯兩人都將神話與儀式限定在古代的、原始的宗教中，這也是針對兩人的主要批評的矛頭之所向。

J.G. 弗雷澤

J.G. 弗雷澤的著述《金枝》本是獻給他的朋友史密斯的，但他在此書的幾個版本中發展出了一套遠勝史密斯的神話–儀式主義理論。儘管《金枝》最出名的是將一切文化都分作巫術、宗教和科學三個階段，這一巨着的主體關注的卻是宗教與科學之間的一個過渡階段，亦即巫術與宗教相互纏結的階段。這個階段依然是古代的、原始的；也只有在這一中間階段，神話–儀式主義才能被找到，因為只有在此時，神話與儀式才共同發生作用。

但是弗雷澤常常是前後矛盾的，他實際上提出了兩種不同的神話–儀式主義觀點。第一種觀點我們已經在第一章討論過，即神話描述了眾神中的主神之一植物之神的生活，儀式則將描述其死亡和復生部分的神話表演出來。儀式以巫術的相似性法則為基礎發揮作用；依據這一法則，對某一行為的模仿即可引起該行為的發生。最能體現這類巫術的例證就是伏都教[2]。儀式直接操縱植物之神，而非草木本身；神若死去了，植物自然也就枯亡了。植物處於某一神靈的直接控制之下，這一態度是宗教的遺產；而植物可以被控制，即使只是間接地通過神來控制，這一態度則是巫術的

2　西印度群島(特別是海地)和美國南部一些地區的一種信仰巫術的民間宗教。

遺產。神話與儀式的結合正是宗教與巫術的結合：

> 由此，關於季節變換的古老的巫術理論就被一種宗
> 教理論所取代，或者不如說是為它所補充。因為儘
> 管人們現在將一年四季的轉換主要歸因於神身上所
> 發生的相應變化，他們依然認為，通過施行某種巫
> 術儀式，自己能夠在生命之神與死亡之神的鬥爭中
> 對前者加以援助。他們認為自己能夠使他失去的能
> 量得以恢復，甚至可以使他起死回生。(弗雷澤，《金
> 枝》，第377頁)

當人們希望冬天結束 —— 通常是在糧食儲備將要耗
盡 —— 之時，這一儀式就會被施行。一個凡人 —— 往
往是國王 —— 扮演神的角色，將他希望通過巫術引發
的神的行為表演出來。

　　在我們一直沒有提及的弗雷澤的第二種神話–儀式
主義觀點中，國王是最關鍵的部分。在這裏，國王不
僅扮演神的角色，而且他本人便是神性的：弗雷澤的
意思是，神就居於他的身心中。正如草木的繁茂取決
於植物之神的健康，這位神的健康現在取決於國王的
健康：國王死了，植物之神也就死了，草木也就隨之
枯亡。為了確保充足的食物供給，部族群落殺死正當
盛年的國王，由此安全地將神的靈魂轉移到他的繼任
者身上：

[原始人]相信……國王的生命或精神與整個國家的繁榮休戚相關；假如他染上病症或是逐漸衰老，牲畜就要生病，不再繁殖，莊稼就會爛在地裏，瘟疫會蔓延，導致人們大批地死去。因此，照他們看來，消除這些災難的唯一辦法就是在國王依然身體健壯的時候殺死他，以便他從前任那裏繼承來的神靈能夠在充滿活力之際傳給他的後任，而不致受到疾病與衰老的損害。（弗雷澤，《金枝》，第312—313頁）

國王在一個短暫的任期結束或是一出現虛弱病徵時就會被殺死。和第一種觀點一樣，殺死國王的目的是為了結束冬天，而冬天的來臨現在被歸因為國王的年老體衰。但是既然國王一旦出現衰弱徵兆之時，或是甚至在這之前就會被殺死，為甚麼冬天還會持續呢？更不用說它每年都會來臨了。對於這一點，弗雷澤從未作出過解釋。

無論如何，事實證明，神話–儀式主義的這第二種觀點產生的影響要深遠得多，雖然依據這一觀點，宗教神話與巫術儀式之間只存在着一種微弱的聯繫。儀式不再是對植物之神神話的搬演，而只是改變了這位神的居所。國王之死並不是對神的死亡的模仿，而是為了保存神的活力的一種獻祭。神話在這裏起到的作用並不顯見。儀式復活植物之神不是通過巫術的模仿，而是通過一個替換者來實現的。

按照弗雷澤的第一種觀點，亦即真正的神話–儀式主義設想情境，神話起源於儀式之前，而不是像史密斯說的那樣，起源於儀式之後。在巫術與宗教相結合的階段被搬演的神話產生於宗教階段，因此時間上早於應用它的儀式。在結合階段，神話解釋了儀式的中心要點（這和史密斯的觀點一致），不過是從一開始就作出解釋的（這一點和史密斯相異）。神話賦予儀式本源且唯一的意義。沒有關於植物之神死亡與再生的神話，就絕不可能通過儀式搬演他的死亡與再生。弗雷澤仍然認為神話是對世界的一種解釋，是對植物生命進程的一種解釋，這和泰勒的觀點一致，而不同於史密斯所認為的，是對儀式的一種解釋。不過，與泰勒不同的是，在弗雷澤看來，解釋僅僅是實現控制的一種手段，因此神話是應用科學古代和原始的對應物，而不像泰勒所認為的那樣，是科學理論的對應物。儀式依然是對神話的應用，但神話是從屬儀式的。

　　弗雷澤的神話–儀式主義最大的局限性在於，它不僅像史密斯的理論一樣排除了現代神話與儀式，而且甚至將古代的、原始的神話–儀式主義也僅限於有關植物之神的神話——實際上是僅限於有關這位神死亡與再生的神話。

　　史密斯對阿多尼斯神話只是一筆帶過，而弗雷澤卻將其作為一個關鍵性的例證來探討植物之神死而復生的神話與儀式。事實上，他在他所稱的前科學的文

化三階段中——巫術的、宗教的、巫術與宗教相結合的——都留出了阿多尼斯神話的位置(且不論這樣做是否前後一致)。

在第一階段,也即巫術的階段,弗雷澤指出了著名的栽種在花盆中的「阿多尼斯小花園」。在這一階段,人類相信是非人格的力量——而非諸神的力量——引發了物質世界中的種種事件。古希臘人會在裝滿土的盆中播種,這不是為了懇求神讓萬物生長,而是通過巫術的相似律,迫使非人格的大地生長出各種植物:「因為無知的人們相信,通過模仿他們期望產生的結果,他們實際上幫助促成了這一結果的產生。」由於在這一階段還沒有諸神,阿多尼斯還不是一個植物之神。毋寧說,他就是草木本身。並不是植物象徵着阿多尼斯,而是阿多尼斯象徵着植物。

在弗雷澤的第二個、亦即宗教的階段,諸神取代巫術的法則成為了物質世界種種事件的根源,因此阿多尼斯至少在字面意義上成為了植物之神。作為植物之神,人們最直接的做法就是要求他保證作物的生長。這一要求亦可以通過服從神的儀式和道德指令來得到強化。弗雷澤自己寫道,人們為阿多尼斯施行哀悼的儀式,是為了求取他的原諒,而不是像在下一階段中那樣,為了使他復生。這是由於阿多尼斯之所以死去,並非因為下一階段中人們所認為的那樣,是他去到了冥府,而是因為在收割、碾壓、磨碎穀物——

在草木之中阿多尼斯具體象徵的部分——的過程中，人類殺死了他。阿多尼斯的死亡不是「夏日的炎熱或冬日的嚴寒所造成的草木的自然枯亡」，而是「人類對穀物暴力毀滅」的結果。然而，阿多尼斯在某種程度上依然活着，並且有足夠的能力懲罰人類，而祈求寬宥的儀式正是旨在避免他的懲罰。但是，由於阿多尼斯之死是因為植物之死，因此這裏的神如同在第一階段一樣，實際上只是被認為由他所控制的那種元素的一個隱喻。只要植物枯亡，阿多尼斯也就死亡了。

在弗雷澤的第三階段，也就是巫術與宗教相結合的階段，阿多尼斯終於看來好像是神了。如果説在第二階段，隨着植物枯亡，阿多尼斯也就死亡了，現在則是，由於阿多尼斯的死亡，植物似乎也就枯亡了。阿多尼斯的死是因為他進入了冥府，去和珀耳塞福涅呆在一起。弗雷澤假定，不論阿多尼斯進入冥府是否為自己的意願，他都因為太虛弱而無法自己離開冥府。通過搬演他的再生，人類助他一臂之力。一方面，這一搬演利用了巫術的相似律。另一方面，這一搬演並不像在第一階段那樣，是強使阿多尼斯的復活發生，而是予以他支持；儘管此時的阿多尼斯處於死亡的狀態，但他仍然有再生的力量，只是需要幫助才行。在這一階段，諸神仍然控制着物質世界，不過，他們對物質世界的影響是自動的，而非特意的。搬演阿多尼斯的再生意在促使他復活，並通過他的復活促

圖7　北美米納塔利人的甜玉米豐收舞，19世紀插畫，喬治·卡特林作

使草木的復蘇。然而，即使是在這一階段，弗雷澤也只探討了阿多尼斯生命的一個方面：即與草木每歲的枯榮相對的他的死亡和再生。阿多尼斯的生命中非自然的方面，即始自他亂倫的出生的那個方面被忽略了。被忽略的方面中最為重要的部分是阿多尼斯的最終死亡，即使撇開這一死亡的非自然的原因——被殺，甚至是被謀殺——不談。弗雷澤這麼做是必須的。假若阿多尼斯的生命象徵了草木的枯榮，那麼他就必須不斷地死而復生。但是，情況卻並非如此。在阿波羅多羅斯的故事中，不論阿多尼斯是怎樣一年一次避開死亡的，他的復活最終沒能繼續。在奧維德的故事中，阿多尼斯從來沒有死後又再復生，維納斯鬱鬱不歡正是因為他的一去不返。那麼，他短暫的、終有一死的生命如何象徵永恆的再生呢？他又怎麼能被稱為神呢？弗雷澤從未給我們答案。

最後，弗雷澤再一次無視前後的矛盾，又宣稱阿多尼斯的生命甚至在巫術與宗教的相結合階段也只是植物榮枯本身的一個象徵：關於阿多尼斯每年在冥府度過一段時間的神話

可以有以下最簡單和最自然的解釋，即認為他代表了植物，特別是穀物；穀物正是有半年埋藏於土壤之中，有半年長出地面的。（弗雷澤，《金枝》，第392頁）

這裏，阿多尼斯並非造成植物榮枯命運的原因，而只是這一命運的一個隱喻，因此在第三階段，正如在第二階段一樣，植物枯亡了，阿多尼斯就死亡了，而不是正相反。如果不再存在通過儀式能夠得以復生的神，如果對植物一歲一枯榮的現象只存在描述而沒有解釋，神話–儀式主義還怎麼可能站得住腳呢？這一點令人疑惑。這種將神話看作對自然過程的象徵性描述的觀點，使弗雷澤頗似19世紀一個以德國人為主的理論家群體；後者被恰如其分地稱作自然神話學家。

簡·哈里森和S. H. 胡克

神話–儀式主義理論發展至下一階段要歸功於簡·哈里森（Jane Harrison, 1850–1928）和S.H. 胡克（S. H. Hooke, 1874–1968）；這兩人是神話–儀式主義最初的主要團體古典主義學者和《聖經》學者在英國的領軍人物。他們的理論立場是相近的，都大體上贊同弗雷澤的第一種神話–儀式主義設想；不過胡克幾乎和弗雷澤一樣自相矛盾，他有時也贊同弗雷澤的第二種設想。與弗雷澤不同的是，胡克與哈里森並沒有提出存在明確的、較早的巫術和宗教兩個階段。兩人的起始階段相當於弗雷澤那個結合的第三階段。和弗雷澤一樣，他們認為神話–儀式主義是現代科學古代的、原始的對應物，現代科學不僅取代了神話–儀式主義，也取

代了神話和儀式本身。哈里森與胡克對弗雷澤的追隨最明顯地體現在以下這一點：他們將當時而言更為高級的宗教——泛希臘化時代的希臘和《聖經》時代的以色列的宗教——看作原始宗教。人們過去一貫、現在也依然常常主張的虔誠觀點則是，希臘和以色列的地位遠在其蒙昧無知、依然處於巫術階段的鄰邦之上。

哈里森還進入了弗雷澤與胡克未曾踏足的探索領域：她在植物更生的儀式之外又加上了進入社會的成年儀式。她甚至提出，最早的儀式儘管也是每年舉行一次，但卻是完全成人儀式性質的。當時並沒有神話。因此，與史密斯一樣，她也認為儀式先行於神話。神僅僅是由儀式而產生的欣悅的一種投射。後來，神變成了植物之神，於是關於這個神死而復生的神話誕生了，成人儀式也變成了一種農業儀式。正如成人儀式的參加者象徵性地死亡，又再生為完全成熟的社會成員一樣，植物之神乃至莊稼是事實上地死亡然後復生。經過一段時間之後，這一兩者相結合的儀式中有關成人儀式的方面消失了，只有弗雷澤式的、農業的儀式保留了下來。

哈里森與胡克都激烈反對史密斯認為神話是對儀式的一種解釋的觀點。哈里森宣稱：「神話既不是對事實、也不是對儀式試圖作出的解釋。」但她和胡克在這一點上實際上並沒有比弗雷澤說的更多。神話仍然是對儀式中正在發生的事的解釋，只不過不是對儀

式如何產生的解釋。神話就如同是一部電影中的聲音或一場啞劇中的旁白。胡克寫道：「一般來說，儀式的言說部分是對正在進行中的事情的描述……我們所探討的『神話』也就是在此意義上而言的。」哈里森則更是簡潔明瞭：「神話的主要意義……就是所表演的儀式、所做的事的言語關聯物。」

哈里森與胡克都比弗雷澤走得更遠。對弗雷澤來說，神話的力量只是戲劇的，而哈里森與胡克則認為，神話的力量完全是巫術的。胡克寫道：「言說的話語具有行動的效力。」哈里森寫道：「神話實際上變成了具有巫術意圖與力量的一則故事。」這裏我們看到了言語的巫術。當代的神話–儀式主義者 —— 如美國的古典主義學者格雷戈里‧納吉(Gregory Nagy) —— 訴諸口頭而非書面文學的本質，提出神話原本與儀式或表演的關係是如此之緊密，以至它本身即是儀式性的：

> 一旦我們將神話看作表演，我們就可以看出，神話本身就是儀式的一種形式：我們不再分離地、對比地來看神話與儀式，而是將它們之間看作一種延續關係；神話是儀式的言說部分，而儀式則是神話的概念部分。(格雷戈里‧納吉，《神話能獲得拯救嗎？》，第243頁)

這一觀點是否是對哈里森與胡克的超越，現在還遠遠無法說清楚。

這一理論的應用

吉爾伯特・默里(Gilbert Murray)、F. M. 康福德和 A.B. 庫克(A. B. Cook)三位古典主義學者都為英國人或定居於英國;他們將哈里森的理論運用於悲劇、喜劇、奧林匹克競賽會、科學以及哲學等古希臘文化現象。這些看似世俗的、甚至是反宗教的現象被解釋為植物之神死而復生神話的隱性表達。

而在《聖經》學者當中,瑞典人埃萬・恩內爾(Ivan Engnell)、威爾士人奧布里・約翰遜(Aubrey Johnson)和挪威人西格蒙德・莫溫克爾(Sigmund Mowinckel)在以下的這個問題上觀點相異:古代人,特別是古代以色列人,究竟在何種程度上遵循了神話–儀式主義模式呢?恩內爾認為他們是嚴格遵循的,比審慎的胡克所認為的更為嚴格;而約翰遜,特別是莫溫克爾則認為他們所遵循的程度比胡克所認為的要弱。

布羅尼斯拉夫・馬林諾夫斯基(他的理論我們在第一章討論過)借助弗雷澤的觀點,將自己施加了限制條件的理論運用於世界各民族的神話。和史密斯的觀點一樣,他提出神話解釋了儀式的起源,賦予了儀式一個久遠的過去,由此使它們獲得了存在的理由。社會依賴於神話來促使人們遵循儀式。但是,對馬林諾夫斯基來說,不僅所有儀式都依賴於神話,社會所倚靠的許多其他文化習俗也依賴於神話。它們都有自己的

神話。因此，神話與儀式的範圍並不相等。

米爾恰·伊利亞德(他的理論我們在第三章討論過)所運用的理論與馬林諾夫斯基的理論形式相似，但是他卻超越了後者，將這一理論同時運用於原始和現代文化。他同樣認為，通過賦予它們一個太初的起源，神話使各種各樣的現象(不僅僅是儀式)獲得了存在的理由。因此他也認為，神話與儀式的範圍是不相等的。但是，伊利亞德在這裏又比馬林諾夫斯基更進一步，他強調神話的儀式性搬演對實現神話終極功能的重要性：被搬演的神話起到了一台時間機器的作用，將人們傳送回神話時代，也因此使其更接近神。

這一理論在文學中的應用

在宗教領域之外，神話–儀式主義理論的運用最為顯著的例證是在文學中。哈里森本人大膽地提出，不僅是文學，一切藝術均起源於儀式。她推斷道，人們逐漸地不再相信模仿某一行動能夠引發那個行動的發生。但是他們並沒有拋棄儀式，而是將施行儀式本身就作為目的。為其本身而施行的儀式就變成了藝術，這其中最明顯的例子就是戲劇。在這個問題上，默里和康福德的觀點比哈里森要溫和得多，他們將植根於神話–儀式主義的藝術形式專門劃定為希臘史詩、悲劇和喜劇。默里此後又將這一理論延展到了莎士比亞的作品。

扛起這一理論大旗的學者還包括了將之應用於聖杯傳說的傑西·韋斯頓(Jessie Weston)、應用於浮士德傳說的 E. M. 勃特勒(E. M. Butler)、應用於沙翁喜劇的 C.L. 巴伯(C. L. Barber)、應用於沙翁悲劇和悲劇本身的赫伯特·魏辛格(Herbert Weisinger)、應用於悲劇的弗朗西斯·弗格森(Francis Fergusson)、應用於英雄神話和作為整體的文學的拉格倫勳爵(Lord Raglan),以及廣泛地應用於文學的諾思羅普·弗萊(Northrop Frye)和斯坦利·埃德加·海曼(Stanley Edgar Hyman)。可以理解的是,作為文學批評家,這些神話–儀式主義者更為關注的是文學的神話起源,而非神話本身。文學作品被解釋為曾經與儀式相關的神話的產物。這些文學批評家絕大多數都受惠於弗雷澤,對他們來說,文學最終應追溯到弗雷澤神話–儀式主義的第二種設想情境。「國王必須死」成了一個概括性的名句。

對於神話–儀式主義的文學批評家來說,當神話割裂了與儀式的聯繫之後,它就變成了文學。與儀式相關聯的神話是宗教文學,與儀式相分離的神話便是世俗文學,或者說普通文學。當與儀式相關聯時,神話可以發揮神話–儀式主義者認為它所具有的任何積極功能。一旦脫離了儀式,神話的功能就僅僅剩下評論了。

文學的神話–儀式主義作為一種理論,並非關乎神話與儀式本身 —— 兩者都被假定為是理所當然的,而是關乎它們對文學的影響。不過,這種理論也不是文

學理論，因為它拒絕將文學簡化為神話。文學的神話–儀式主義是對神話與儀式轉變為文學的一種解釋；關於這一點，我們將在下一章詳加討論。

勒內·吉拉爾

拉格倫勳爵在其著述《英雄》（下一章中將對它詳加討論）中擴展了弗雷澤神話–儀式主義的第二種設想情境，將為社會群體而死的國王轉變為一個英雄。出生於法國、其後定居美國的文學批評家勒內·吉拉爾（René Girard, 1923–）儘管從未引述過拉格倫的觀點，卻在其《暴力與神聖》及隨後的許多著作中對拉格倫的這一理論作了反諷式的解讀。拉格倫的英雄是自願為社會群體犧牲的，吉拉爾的英雄卻是因為造成了社會群體的苦難而被其殺死或放逐的。實際上，「英雄」最初是被看作罪犯的，也是理當受死的。只是到了後來，惡徒才變成了拉格倫式的、無私為群體獻身的英雄。拉格倫和吉拉爾都將俄狄浦斯神話作為最能充分說明自己觀點的例證。（儘管借用了俄狄浦斯神話，但他們兩人都不是弗洛伊德主義者。兩人都對弗洛伊德不屑一顧。）在吉拉爾看來，俄狄浦斯從索福克勒斯《俄狄浦斯王》中那個遭人唾罵的被流放者轉變為同一劇作家《俄狄浦斯在科洛諾斯》中那個受到尊崇的恩主，這一轉變正象徵了從罪犯到英雄的轉變。

但是，這一轉變對吉拉爾來說，僅僅是整個轉變過程中的第二部分。第一部分是從無辜的受害者到罪犯的轉變。最初之時，社會群體中爆發了暴力行為。其根源是人性固有的模仿他人的傾向，並由此造成了模仿者與被模仿者渴望同樣的對象。模仿導致了對抗，對抗導致了暴力。社會群體不惜一切代價想要結束這種暴力，於是便選擇了一個無辜的成員，將混亂的責任全部推到他的頭上。這個「替罪羊」可以是任何人，從社會中最下層、最無助的成員到最上層、最顯要的人物(譬如俄狄浦斯王)都可能被選中。這個犧牲者通常都被殺掉，但有時也被放逐，如俄狄浦斯王即是如此。這一殺戮是儀式性的獻祭。對弗雷澤來說，神話指導儀式，而對吉拉爾來說，神話是在殺死犧牲者的儀式之後被創造出來，以便為這一殺戮開脫的。神話來源於儀式，這一點他和史密斯的觀點一樣，但是神話的產生是為了證明儀式的正當性，而不是為了解釋儀式，這一點又與史密斯相異。神話將替罪羊變成了一個法理當誅的罪犯，然後又將這一罪犯變成了一位甘為社會群體的福祉犧牲的英雄。

　　吉拉爾的理論圍繞着神話中的主角在社會中的地位展開，它似乎完全不適用於阿多尼斯神話。阿多尼斯的死說不上是自願的，也說不上是無私的。他所居住的世界——森林和冥府——似乎完全遠離社會。不過，在本書的第八章中，我們將從社會的角度闡釋這

則神話，而且還將論及吉拉爾本人對俄狄浦斯神話的闡釋。

　　儘管吉拉爾從未引述過拉格倫的理論，他卻經常引述弗雷澤。他贊同弗雷澤神話–儀式主義的第二種設想情境，並稱讚弗雷澤為我們指出了弒君這一原始社會關鍵性的儀式；不過，他也批評弗雷澤忽略了弒君儀式真正的起源和功能。在弗雷澤看來，獻祭儀式天真地應用了對世界蒙昧的、前科學的解釋：國王被殺死和取代，這樣，居於在位國王身心內的植物之神的靈魂就能夠留住或恢復健康。獻祭的功能完全是農業性的。人們對犧牲者並不懷有怨恨，他只是完成了自己作為國王的職責，而在整個過程中他的自我犧牲也是受到人們頌揚的。弗雷澤的這些觀點在吉拉爾看來是對神話的掩飾手段信以為真了。儀式 —— 以及隨後產生的神話 —— 的真正起源和功能是社會性的，而非農業性的；這一點將在第八章中加以討論。

瓦爾特・布爾克特

　　美國人類學家克萊德・克拉克洪（Clyde Kluckhohn）可能是修改神話與儀式不可分離這一教條的第一人。德國古典主義學者瓦爾特・布爾克特（Walter Burkert, 1931–）則又比克拉克洪更進了一大

步；他不但認為神話與儀式在起源上相互獨立是可能的，而且完全認定事實就是如此。他宣稱，當神話與儀式最終走到一起時，它們並不像克拉克洪所認為的那樣僅僅是在發揮同一種功能，而是相互補充強化對方。神話賦予單純的人類行為一種神性的起源（因為神過去或現在這樣做，所以我們這樣做），以此支撐了儀式。反過來，儀式將單純的故事變成為一種最恭順的規定行為（如果不這樣做，即使不招來懲罰，也會招來苦惱），從而支撐了神話。史密斯認為，神話服務於儀式，而布爾克特則認為，儀式也同樣服務於神話。

和吉拉爾一樣，布爾克特認為神話的根源在於獻祭，而獻祭的根源在於敵對行為；但他並不把獻祭僅僅局限於人祭，而是認為獻祭的根源在於狩獵──敵對行為原初的表達形式。進一步說，在布爾克特看來，神話的功能並不像吉拉爾所認為的那樣，是要掩蓋獻祭的事實，而是正相反，是要使之留存，從而維持它的心理和社會影響。最後，布爾克特不僅將神話與獻祭儀式聯繫起來，而且和哈里森一樣，將它與成人儀式聯繫起來。在這裏，神話具有的是和儀式一樣的功能，即社會化。

在布爾克特看來，儀式是一種「彷彿」的行為。以他的核心例證來說，「儀式」的習俗和禮節並非發生在實際狩獵過程中，而是發生在戲劇化的狩獵中。

其功能已不再是弗雷澤所說的獲取食物，因為嚴格意義上的儀式是在農耕取代狩獵成為食物的主要來源之後才產生的：

> 一萬多年前，隨著農業的興起，狩獵喪失了它最基本的功能。但是，狩獵儀式已經變得如此重要，以至無法被放棄了。（布爾克特，《希臘神話和儀式的結構與歷史》，第55頁）

因此，實際狩獵以及之後儀式化的狩獵的群體性質，其功能是減輕人們對自己的攻擊行為以及無法避免的死亡的焦慮；與此同時，它也在參與者之間打造了一條起團結作用的紐帶。它的功能是心理和社會性質的，而非農業性的。

對布爾克特來說，阿多尼斯神話可能會是一個具有諷刺意味的例子。阿多尼斯的狩獵不但是單獨而非群體的，而且阿多尼斯根本就算不上是一個真正的獵手，更不消說他也沒有備受焦慮的煎熬了。對阿多尼斯來說，狩獵更多的是一項娛樂和消遣，絕不是甚麼攸關生死的交戰。因此，狩獵在心理上或社會上都不可能為他帶來任何幫助。不過他的傳說仍然對他人具有警示作用，這一點也將在第八章中加以討論。

圖8　獵捕卡萊敦野豬，塞爾韋特利出土的拉哥尼亞希臘
酒杯上的飾畫，公元前6世紀

第五章
神話與文學

　　神話與文學之間的關係具有種種不同的形式。最顯而易見的是在文學作品中使用到神話。文學課程的一個常規主題就是在西方文學中追尋古典神話的人物、事件和主題；其研究對象始於早期基督教教會的主教和著作家(他們雖然激烈地反對異教，卻在自己的著述中使用古典神話)，中經彼特拉克(Petrarch)、薄伽丘、但丁、喬叟、斯賓塞(Spenser)、莎士比亞、彌爾頓(Milton)、歌德、拜倫、濟慈和雪萊，直到喬伊斯(Joyce)、艾略特(Eliot)、紀德(Gide)、科克托(Cocteau)、阿努伊[1]和尤金·奧尼爾(Eugene O'Neill)。對《聖經》神話的文學研究也大抵如此。這兩組神話或從字面得到解讀，或從象徵層面得到解讀，或被重新組織，或被完全地重新創作，並且在包括音樂與電影在內的所有藝術形式中都可以找到。弗洛伊德(Freud)使用希臘神話中的人物俄狄浦斯和伊萊克特拉

1　讓·阿努伊(Jean Anouilh, 1910–1987)，法國當代知名劇作家。其劇作以使古希臘悲劇題材現代化並用現代服裝演出而聞名，在當代法國乃至西方劇壇產生了重大影響。

的名字來命名人類最根本的兩種衝動；他還從精神病醫生處借用了那喀索斯這一神話人物來給「自戀」命名。

古典神話——或者說異教神話——的流行相比《聖經》神話是一件更加了不起的事，因為它二千年前原屬的宗教在隨後的歷史中已經消亡了，而古典神話卻留存了下來。與之相比，《聖經》神話所屬的宗教現今幾乎是一統的存在，而《聖經》神話也一直得到它的支持。事實上，將古典神話保存下來的那個文化與《聖經》神話的宗教緊密相關，而正是這一宗教導致了古典宗教的滅亡。直到不久之前，「信奉異教」這個詞還都一直帶有負面的蘊意。古典神話留存了下來，而其所屬宗教的其餘部分卻消亡了，這是泰勒關於神話與宗教命運的觀點具有諷刺意味的逆轉——儘管泰勒所指的是基督教的留存，而非異教，而且他指的是基督教面對現代科學而非另一敵對宗教的情形。

文學的神話起源

神話與文學關係的另一種形式前一章已經提及，那就是文學起源於神話；這一研究方法是由簡·哈里森和她的古典主義同仁吉爾伯特·默里、F. M. 康福德開創的。讓我們舉幾個例子來說明。

在《從儀式到傳奇》中，英國中世紀問題專家

傑西‧韋斯頓(1850–1928)運用了弗雷澤的第二種神話–儀式主義觀點來解讀聖杯傳說。她贊同弗雷澤的說法，宣稱在古代人和原始人看來，土地的豐饒與否取決於他們國王的生殖力，因為植物之神居於他的身心中。然而，弗雷澤認為，最重要的儀式是取代病弱的國王，韋斯頓則認為，尋找聖杯的目的是使國王恢復青春活力。此外，韋斯頓還為這一觀點添加了一個縹緲的、精神的維度，從而超越了弗雷澤。她指出，尋找聖杯不是為了向神索要食物，而是尋求與神的神秘同一。正是這一傳說的精神維度啟發T. S. 艾略特在《荒原》中搬用韋斯頓的觀點。韋斯頓不是把聖杯傳說簡化為原始神話和儀式，而只是追溯這一傳說至原始神話與儀式。這一傳說本身是文學，而非神話。由於弗雷澤的第二種神話–儀式主義設想情境並非關於搬演植物之神的任何神話，而是關於處在統治地位的國王的狀況，因此，產生這一傳說的並不是講述阿多尼斯之類的神生平的神話，而是講述聖杯國王本人生平的神話。

在《戲劇的概念》一書中，美國著名戲劇批評家弗朗西斯‧弗格森(1904–1986)將弗雷澤的第二種神話–儀式主義觀點運用於整個悲劇體裁。他提出，悲劇英雄受難和救贖的故事源自弗雷澤殺死和取代國王的設想情境。例如，忒拜國王俄狄浦斯為了他的臣民，雖然不必犧牲生命，但是必須犧牲王位。只有他的退

位才能讓瘟疫停止。但是和韋斯頓一樣，對弗格森來說，尋求重生更多的是精神上的，而非肉體上的；在弗格森看來，俄狄浦斯尋求重生既是為了他自己，也是為了他的人民。

其他大多數文學的神話–儀式主義者主要關注戲劇的源頭，即神話和儀式，而弗格森對源頭和它的產物——即戲劇——給予了同等的關注。他甚至批評哈里森和默里，特別是後者，將悲劇的意義說成是弗雷澤式弒王的搬演，而非自我犧牲的主題。弗格森和韋斯頓一樣，都認為弗雷澤設想的情境只是為文學提供了一個背景，但它本身是神話與儀式，而非文學。

在《批評的解剖》中，著名加拿大文學批評家諾思羅普‧弗萊(1912–1991)提出，不僅是某一種文學體裁，而是所有的文學體裁都來源於神話——具體地說，是來源於英雄生平神話。弗萊將英雄的生命週期與幾個其他週期聯繫了起來：一年四季的變換、一日太陽的升沉、睡夢與清醒的交替。與四季更迭的聯繫出自弗雷澤。與太陽升沉的聯繫沒有指明，可能是出自馬克斯‧繆勒。與夢的聯繫出自榮格。四季更迭與英雄行為的關聯也沒有指明出處，但可能出自拉格倫（下文將簡短地專門對他進行討論）。弗萊提出了自己的英雄模式，他稱之為「追尋神話」；不過，這一模式只包括四個寬泛的階段：英雄的出生、勝利、孤立和失敗。

弗萊認為，每一種主要的文學體裁都同時與一個季節、一天中的一段時間、意識中的一個階段、以及（最重要的）英雄神話中的一個階段相對應。傳奇對應的是春天、日出時分、醒來時的意識和英雄的出生。喜劇對應的是夏天、正午時分、清醒時的意識和英雄的勝利。悲劇對應的是秋天、日落時分、白日夢的意識和英雄的孤立。諷刺文學對應的是冬天、夜晚時分、沉睡時的意識和英雄的失敗。文學體裁不僅與英雄神話相對應，而且起源於英雄神話。而根據弗雷澤神話–儀式主義中具有神性的國王被殺死和取代的觀點，英雄神話本身又起源於儀式。

　　和大多數文學的神話–儀式主義者一樣，弗萊並沒有將文學簡化為神話。相反，他是這些人中最不妥協的一位，堅持文學的自主性。他像弗格森一樣，並未指責默里和康福德推斷悲劇（默里）和喜劇（康福德）的神話–儀式主義起源，而是批評他們將悲劇與喜劇的意義解釋為對弗雷澤式弒王的搬演；在這裏，前者是一個非文學問題，而後者是一個文學性問題。

　　不過，接下來弗萊卻不僅利用弗雷澤與榮格的理論來幫助分辨文學的起源，而且還用來分辨文學的意義。因為在他看來，弗雷澤與榮格的重要著述本身就是文學批評，而非僅僅是 —— 甚至在很大程度上並不是 —— 人類學或心理學的著作：

《金枝》和榮格探討力比多象徵的著作[即《轉化的象徵》（《榮格全集》第5卷）]對文學批評家來說是極具吸引力的……因為它基於……這一事實，即這些著作主要是文學批評研究。……《金枝》實際上並非講述人類在蠻荒的遠古做了甚麼；它講述的是人類的想像在最偉大的奧秘——生命、死亡和死後的世界的奧秘——面前，是如何試圖表達自己的。（弗萊，《文學的原型》，第17頁；《無意識的象徵作用》，第89頁）

弗萊同樣也將榮格的《心理學與煉金術》（《榮格全集》第12卷）挑了出來，稱它「並非僅僅是對一門死科學[即煉金術]和維也納心理學派之一的似是而非的比較，而是一本文學象徵主義的入門書，對所有嚴肅的文學研究者來說不僅有巨大的吸引力，而且有極其重要的意義」。

　　弗萊將弗雷澤和榮格在本質上劃歸為神話搜集家而不是理論家，這顯然是走得太遠了。弗雷澤和榮格二人都致力於解釋神話的起源與功能，而不僅是神話的意義，他們所提供的神話的「語法」是作為象徵符號的證物，而不是其彙編。弗雷澤聲稱，弒王的儀式確實發生過，雖然它後來逐漸淡化為純粹的戲劇。榮格聲稱，原型的確存在於人的心靈中，甚至存在於世界上。

儘管弗萊並未將文學簡化為神話，但由於他把神話與文學如此緊密地捆綁在一起，他的文學批評被含混不清地稱作「神話批評」，而他本人也常常被認為是「神話批評」最主要的實踐者。他的文學批評還同樣普遍地被人稱作「原型批評」，因為他把文學的各種體裁稱作「原型」，這一無意的舉動讓人們誤認為他是一個榮格主義者；由此他又被認為是「原型批評」最重要的實踐家。為此添亂的是，始自莫德・博德金(Maud Bodkin)的《詩歌中的原型模式》，確實存在一批徹頭徹尾的榮格主義文學批評家，他們被稱作原型批評家是完全恰當的。而亂上添亂的是，存在一批稱自己為「原型心理學家」而非榮格主義者的後榮格主義者。這其中最著名的是詹姆斯・希爾曼(James Hillman)和戴維・米勒(David Miller)，他們就神話這一論題著述頗豐。

　　勒內・吉拉爾的理論我們在前一章已經討論過，他在《暴力與神聖》以及其他著作中為神話與文學畫出了最為清晰的分界線。和弗格森、弗萊一樣，他批評哈里森與默里將神話與儀式和悲劇混為一談。但他對這兩人更為嚴厲的指責則是他們將悲劇通俗化了。在哈里森和默里看來，神話僅僅是描述弗雷澤式的儀式，悲劇僅僅是將其戲劇化。更糟的是，悲劇將一個真實事件變成為純粹是一個主題。在吉拉爾看來，神話為儀式的正當性辯解，而悲劇——譬如索福克勒斯

關於俄狄浦斯王的戲劇——則揭示了真相。然而，必須指出的是，吉拉爾的批評指向的是弗雷澤的第二種神話-儀式主義設想情境；依照這一設想，國王被殺死了。哈里森與默里採用的則是弗雷澤的第一種神話-儀式主義設想情境；依照這一設想，國王只是扮演了植物之神的角色。在這一情境中，神死了，國王卻沒有死，而神也不一定是被殺死的，如阿多尼斯一年一度下到冥府的旅程所示。吉拉爾抨擊哈里森、默里，甚至在一定程度上抨擊弗雷澤，指責他們忽略了構成一切悲劇基礎的人祭，這顯然是弄錯了矛頭的方向，有點令人哭笑不得。

作為故事的神話

在把神話當作文學的觀點中，另一個研究角度是專注於兩者擁有共同的故事線索。泰勒和弗雷澤的著述中都沒有提及把神話作為故事。（這裏我使用「故事」，而不用目下流行的更為花哨的「敘述」一詞。）這並不是說泰勒或者弗雷澤拒絕承認神話是故事。事實上，他們都把神話看作是對事件的根源所作的解釋，只不過碰巧採用了故事的形式罷了。若將神話與科學當作可相比擬的事物，就要求強調神話解釋的內容，而弱化其故事的形式。當然，對他們兩人來說，神話都講述了赫利俄斯如何成為太陽升落的掌管者，

又如何行使他的職責的「故事」，但是令泰勒和弗雷澤感興趣的是這一信息本身，而非它的表達方式。通常文學上的考量，諸如人物塑造、時間、敘述者、視點、以及讀者的反應等等，都被忽略，正如這些問題在分析一條科學法則時都會被忽略一樣。

由於泰勒和弗雷澤認為神話旨在解釋反復發生的事件，因此神話在不同的措詞下也可以被看作是一條法則。例如：不論何時下雨，都是因為雨神決定要讓雨落下，而且都是出於同一原因。太陽每天升起，都是因為太陽神決定登上他的戰車駛過天空，而太陽就連接在戰車上；同樣地，每次也都是出於同一原因。在弗雷澤認為諸神都是自然過程的象徵的情況下，語言經過重新組織的神話就只能是描述性的，而非解釋性的：它僅僅陳述下雨了(無論是否存在規律)或太陽升起了(規律性地)，而並不說明為甚麼。

從字面解讀神話的泰勒尤其強調神話絕對不是文學，將神話視作文學的研究方法是對神話的矮化，是將其揭示真理的解釋性主張轉變成了詞藻華麗的詩化描述。弗萊和其他人提出文學不能簡化為神話，而泰勒則提出神話不能簡化為文學。後現代主義誕生之後，包括科學與法律在內的所有領域的論點都被重新劃分為故事，泰勒對神話的故事性質的無視便凸現出來了。

站在美國文學批評家肯尼思・博克(Kenneth Burke, 1897–1993)的立場來看，泰勒將神話與故事截然分離

的做法同樣是十分扎眼的。博克在其著述、特別是《宗教修辭學》中提出，神話是從玄學到故事的轉化形式。神話通過時間的優先級象徵性地表達了原始人無法通過字面表達的東西：形而上的優先級。用博克的名言來說，神話是「對本質的時間化」。例如，《創世記》中的第一則創世故事實際上以六天這一形式表達了將世上萬物「分類」為六大範疇：

> 這樣，我們就不說「這就完成了對我們的主題的第一大分類」，而是說：「有晚上，有早晨，這是頭一日。」（博克，《宗教修辭學》，第202頁）

儘管在博克看來神話從根本上說是對非時間性真理的表達，但他仍然認為這一表達採用的是故事的形式，因此，即使需要將神話的意義從形式中抽離出來，故事依舊是使神話成其為神話的要素。博克在這裏頗似列維–施特勞斯，後者將神話視作故事的研究方法我們將在第七章中加以討論。博克稱作「本質」的東西，列維–施特勞斯稱作「結構」。

神話模式

放在一起來看，神話太過紛繁，並不具有相同的情節，但是有些研究者提出，對於某一特定類別的神

話來說，共同的情節是存在的，這其中最常見的就是在英雄神話中。其他類別的神話，譬如創世神話、洪水神話、關於天堂的神話、關於未來的神話等，其內部都差別甚大，因此只能在最寬泛的意義上探討共同點。泰勒只把講述某一位神如何決定引發一個自然事件的神話作為具體討論的對象，至於這神是甚麼樣子的，是如何行事的，則不在他的討論範圍之內。弗雷澤將注意力集中在植物之神上，又進一步具體化為植物之神的死亡和再生這一事實，而不涉及死亡和再生是如何發生的。

不過，出人意外的是，1871年，泰勒曾經短暫地將注意力從關於諸神的神話轉向英雄神話；他提出，在許多英雄神話中，主人公都在出生時被棄於荒野，接着被他人或動物所救，最終長大成人，成為民族英雄。泰勒尋求的只是確立一種共同的模式，他並無意將自己關於一般神話起源、功能和主題的理論應用到英雄神話上來。儘管如此，他訴諸這一模式的一致性，宣稱不論英雄神話的起源、功能或主題是甚麼，它們在一切英雄神話中必然是相同的，由此才可解釋英雄神話在情節上的相似性：

> 將不同地區相似的神話分類為可以比較的大組，就可以在神話中追尋由於精神活動法則明顯的規律性而反復發生的想像過程的機理。（泰勒，《原始文

化》，第1卷，第282頁）

弗萊認為神話是不受束縛的想像力的產物，而泰勒則認為，產生神話的想像力受制於嚴格的認知限制——這一觀點預示了今天的認知心理學。

1876年，奧地利學者約翰·格奧爾格·馮·哈恩（Johann Georg von Hahn）通過14個具體例子論證道，所有「雅利安」英雄傳說都遵循一個「遭棄和回歸」的模式，這一模式比泰勒的更為具體。在每一個例子中，英雄都是私生子；出於對預言中他未來偉業的恐懼，他被自己的父親所拋棄；接着他為動物所救，被一對下層的夫婦撫養長大，然後參戰，獲勝榮歸，打敗迫害者，解救母親，成為國王，建立城市，英年早逝。雖然馮·哈恩本人是一個太陽神話的研究者，但他像泰勒一樣，只是試圖為英雄神話確立一種模式。倘若他想要更進一步將這些傳說理論化的話，相信他的理論會建立在共同情節的基礎之上。

與之類似的是，1928年，俄羅斯民俗學家弗拉基米爾·普羅普（Vladimir Propp）力圖證明，俄羅斯童話故事遵循一條共同的情節線索；故事中的英雄在冒險過程中建功立業，然後榮歸家鄉，成就婚姻，取得王位。普羅普的模式回避了英雄的出生和死亡。儘管普羅普本人是馬克思主義者，但在這裏、在他早期的形式主義階段，除了為英雄故事確立一個模式之外，他並沒有比泰勒和馮·哈恩提出更多。不過，由此我們再

次看出，任何理論上的概括都是基於情節的共同性的。

在那些從英雄神話中歸結出模式、進而又將之理論化的學者當中，最重要的是維也納精神分析學家奧托·蘭克(Otto Rank, 1884–1939)、美國神話搜集家約瑟夫·坎貝爾(1904–1987)和英國民俗學家拉格倫勳爵(1885–1964)。蘭克雖然後來與弗洛伊德無可挽回地決裂，可是他在撰寫《英雄誕生神話》時，卻是弗洛伊德的弟子。坎貝爾雖然從來稱不上是一個完全的榮格主義者，他撰寫的《千面英雄》卻與榮格一氣同聲。而拉格倫撰寫他的《英雄》時則是一個弗雷澤主義者。蘭克與坎貝爾的著述我們將在下一章討論神話與心理學時詳加剖析。這裏我們以拉格倫為例，着重談談情節的向心性。

拉格倫勳爵

拉格倫採納了弗雷澤的第二種神話–儀式主義觀點，並將之運用於有關英雄的神話。弗雷澤將國王等同於植物之神，而拉格倫則轉而將國王等同於英雄。在弗雷澤看來，國王願意為社群作出犧牲可以說是英雄行為，而拉格倫則更進一步，直截了當地給國王貼上了英雄標籤。弗雷澤就神的神話呈現了一個簡單明瞭的模式：神的死而復生。拉格倫則為英雄神話設計了一個22步的複雜模式，並將之運用於對21篇神話故

事的研究。不僅如此，拉格倫還將神話與儀式聯繫起來。讓我們回顧一下弗雷澤的第二種觀點：儀式並非是對神死而復生的神話的搬演，而是將神的靈魂直接從一位國王轉移到另一位國王身上。這其中根本就不存在甚麼神話。拉格倫則提出，英雄神話的核心不是王位的取得，而是王位的喪失，由此他將英雄神話與弒王的弗雷澤式儀式對應起來。在英雄神話中喪失王位、隨後又喪失性命的國王和儀式中同時喪失兩者的國王甚為相似。拉格倫所指與儀式相聯繫的神話並非關於神的神話，而是英雄神話——這些傳說中人物的無私精神是人們期望真正的國王能夠效仿的。因此，嚴格地說來，這神話並非如同在弗雷澤設想的第一種神話–儀式主義情境中，是儀式的腳本，而是產生儀式的靈感。

拉格倫的模式不同於泰勒和普羅普的模式，也不同於我們將在後文中看到的蘭克或坎貝爾的模式。他的模式和馮·哈恩的一樣，涵蓋了英雄一生的所有階段。

拉格倫將神話中的英雄與儀式中的神等同起來。首先，國王將英雄與神聯繫在了一起：英雄就是國王，而國王就是神。第二，英雄一生中的許多事件都是超乎凡人的，特別是(表中的)第5點和第11點。誠然，英雄必有一死，但他的死卻成就了一項如神般偉大的功績：使草木復活。第三，在神話與儀式中，弒王都確保了整個社群的生存，否則，他們都將挨餓而

1. 英雄的母親是一個王室的處女；
2. 英雄的父親是一位國王，而且
3. 往往是其母親的近親，但是，
4. 他母親受孕的情形非同尋常，再者，
5. 他也被人們認為是神的兒子。
6. 他出生時有人想取他的性命，通常是他的父親或外祖父，可是
7. 他卻被偷偷地救走了，而且
8. 在遙遠的國度中由養父母撫養長大。
9. 我們對他的童年一無所知，但是
10. 到了他成年的時候，他回到或來到了自己未來的王國。
11. 在與國王和/或巨人、魔龍、野獸戰鬥並取得勝利後，
12. 他與公主(常常是前任國王的女兒)結婚，而且
13. 成為國王。
14. 在他的治理下，一度國泰民安，而且
15. 他還制定了法律，但是，
16. 後來他失去了諸神的眷顧和/或臣民的擁戴，而且
17. 被剝奪了王位，逐出了城市，之後，
18. 神秘死去，
19. 這往往是發生在山頂之上。
20. 他的子女(如果有的話)不會繼承他的王位。
21. 他的遺體不會被埋葬，可儘管如此，
22. 他會有一處或多處神聖的墓地。

拉格倫的英雄神話模式(見《英雄》)

圖9　婚禮當天的溫莎公爵與夫人，1937
年6月，愛德華遜位之後

死。在神話與儀式中，國王都是人民的救星。

　　毫無疑問，拉格倫從未指望阿多尼斯神話能夠符合他的模式。儘管第1點到第4點似乎頗為貼合，其餘各點大都乖離。例如，他的父親想要殺死的是阿多尼斯的母親，而不是阿多尼斯本人(第6點)。也許可以說阿多尼斯是由養母——阿佛洛狄忒和珀耳塞福涅——在遙遠的國度撫養長大的(第8點)，但他並不是被偷偷帶走的(第7點)。

　　最重要的是，阿多尼斯從未成為國王，因此也就沒有甚麼王位可以失去。他確實喪失了自己的性命，但這並不是發生在他在位為王時，甚至不是發生在他身處社會之時。在拉格倫所選擇的所有例證中，最符合其模式的是俄狄浦斯神話。同樣基本符合的是《聖經》中的英雄以色列王掃羅。與弗雷澤不同，拉格倫怯於援引耶穌的例子。一個現代的例子則是英王愛德華八世(King Edward VIII)，他生命中的核心事件就是他的遜位。

　　本章的重點在於情節之於拉格倫理論的向心力。訴諸情節的共性，拉格倫提出：英雄神話的意義就在於其共同的情節中；共同情節的核心就是王位的喪失；英雄神話中對於推翻國王的一致強調只有通過與之相伴的弒王儀式才能理解其意義。拉格倫的神話–儀式主義並不僅僅是將情節當作為儀式設想的場景，更是力圖證明儀式來自於情節。

第六章
神話與心理學

每一個學科中都有形形色色的理論對神話研究作出了貢獻。在心理學這一領域中，有兩種理論幾乎佔據了壟斷地位：一種來自維也納醫師西格蒙德・弗洛伊德（1856–1939），另一種來自瑞士精神病學家C.G.榮格（1875–1961）。

西格蒙德・弗洛伊德

儘管弗洛伊德對神話的分析貫穿於他的所有著述，但他對俄狄浦斯這一關鍵神話的討論主要是出現在《夢的解析》（或譯《釋夢》）一書中；這可以說是恰如其分，因為他（還有榮格）常常把神話與夢相提並論：

> 假如說《俄狄浦斯王》對於現代觀眾和對於當時的古希臘觀眾一樣，具有同等打動人心的力量的話，那麼解釋只能是一個：其感染力不在於宿命和人的[自由]意志之間的對立，而必須到例示這一對立之材料的特定本質中去尋找。一定存在着某種[潛在

的]東西，它使我們內心的聲音即刻認識到《俄狄浦斯王》中的命運不可抗拒的力量。……他的[即俄狄浦斯的]命運之所以打動我們，是因為這有可能會是我們自己的命運，是因為在我們還未出生之前，神諭已將加諸於俄狄浦斯的相同詛咒加諸於我們自己身上。……我們的夢使我們確信情形確是如此。俄狄浦斯王殺死了他的父親拉伊俄斯，娶了他的母親伊俄卡斯忒，這不過是向我們呈現了我們自己幼年時代願望的實現。但是，我們比俄狄浦斯幸運得多，只要不患上精神神經症，我們一般都能成功地割斷對母親的性衝動，忘記對父親的性忌妒。

（弗洛伊德，《夢的解析》，第4卷，第262–263頁）

從表層的——或者說表像的——意義來看，俄狄浦斯的故事講述的是這個人物對加諸其身的命運的徒勞抗爭。然而從潛在的意義上說，俄狄浦斯最想做的正是表面上他最不想做的事情。他想要將自己的「俄狄浦斯情結」付諸行動。神話表像的——或者說字面的——層面掩蓋了潛在的象徵意義。在表像的層面上，俄狄浦斯是受到命運捉弄的無辜受害者，但在潛在的層面上，他卻是罪犯。對這則神話正確的理解應該是，它描述的不是俄狄浦斯如何未能避免那不可抗拒的宿命，而是他如何成功地實現了自己最熱切的欲望。

不過，潛在的意義並沒有到此就結束了。因為這

則神話從本質上來說根本就不是關於俄狄浦斯的。正如俄狄浦斯是受害者的表像層面掩蓋了俄狄浦斯是施害者的潛在層面，後者又轉而掩藏了一個更深的潛在層面；在這一更深的層面上，真正的施害者是神話創作者，以及任何一位受到這則神話吸引的讀者。這裏，這則神話是關於男性神話創作者或讀者自身俄狄浦斯情結的實現；他們對俄狄浦斯產生認同感，並透過他實現自己的俄狄浦斯情結。因此，從本質上講，這則神話不是傳記，而是自傳。

那麼，俄狄浦斯情結存在於誰的身上呢？從某種程度上來說，它存在於所有成年男性的身上，他們中沒有任何一個人能夠完全擺脫自己在幼年時形成的這種欲望。但是，俄狄浦斯情結更顯著地存在於那些患有神經症的成年男性身上，他們從未能走出自己的俄狄浦斯階段。由於多種原因，他們無法直接實現自己的欲望。他們的父母可能已經過世，或者即使還活着，也可能不再那樣令人畏懼或迷人。進一步說，即使是最縱容溺愛的父母也不可能欣然同意實現孩子的這一欲望。任何成功實現這一欲望的兒子都可能會被逮到和遭受懲罰。而殺死自己又恨又愛的父親，對抗拒的母親行使暴力，這樣的罪惡感將會是難以承受的。然而，將這一情結付諸行動的最大障礙在於更為根本的原因：即人們並不知道這一情結的存在，它被壓抑了。

在這種情況下，神話提供了實現這一情結的最理想形式。誠然，神話外在的那些層面掩蓋了它的真實意義，因而妨礙了這一情結的實現，但它們又同時透露了這一真實意義，因而提供了實現這一情結的可能。畢竟，即使從字面的層面上來說，俄狄浦斯也是確確實實殺父娶母了的；只不過在這一層面上，他是於不知情的情況下這樣做的。從下一個層面來說，有意行事的雖然是俄狄浦斯而不是神話創作者或讀者，他的行為畢竟是有意的。因此，前一個層面總是一半遮掩又一半揭示下一個層面的意義。真實的意義總是存在於下一個層面，但也總是由上一個層面傳達出來。通過對俄狄浦斯產生認同感，患有神經症的成年男性部分地實現了自己身上揮之不去的俄狄浦斯欲望，但與此同時又沒有對自己的這些欲望產生意識。這樣，神話就在以下兩極之間達成了一種妥協：一邊是要求這些欲望得到徹底的滿足，一邊是甚至不願知道這些欲望的存在。弗洛伊德認為，神話通過它的意義來發揮其功能：通過呈現一個象徵性地搬演俄狄浦斯欲望的故事，神話將這些欲望發洩出來。

在所有這些方面神話和夢都具有可擬性，由此夢就為弗洛伊德和榮格提供了一個分析神話的模型，就像科學之於泰勒和弗雷澤。當然，神話和夢也存在相異之處。夢是私人的，神話是公共的。在弗洛伊德看來，神話僅限於神經症患者，而夢則是普遍的。不

過對弗洛伊德和榮格來説，它們之間的相似之處意義
更為重大。

奧托·蘭克

　　對神話作弗洛伊德式分析的經典著述是卡爾·亞
伯拉罕(Karl Abraham)的《夢與神話》和奧托·蘭克的
《英雄誕生神話》。他們兩人都追隨老師弗洛伊德，
將夢與神話相比較(從亞伯拉罕的書名就一望可知)，
並且認為兩者都是在成年的神話創作者或讀者身上一
直存留的被壓抑願望 —— 在極大程度上是俄狄浦斯願
望 —— 的一種改頭換面的、象徵性的實現。不過，蘭
克在神話和夢兩者中更為關注前者，並對其進行了更
為詳盡的分析；最為重要的是，他還就某一類型的神
話提出了一個共同的情節或模式：這一類型即英雄神
話，特別是男性英雄神話。弗洛伊德主義者分析各種
類型的神話，並不僅僅是英雄神話。儘管如此，他們
常常將其他類型的神話轉化為英雄神話。蘭克本人就
將出生和倖存看作是英雄業績。甚至創世神話也被看
作是女性和男性一起實現世界的誕生這一偉業。

　　追隨弗洛伊德的蘭克認為，英雄業績是和榮格主
義者所説的「前半生」相關聯的。前半生由出生、幼
年、少年和青年時期構成，它要求個人在外部世界中
確立起獨立的人格。這一獨立性的獲得具體是通過成

標準的英雄傳說可以被歸納為以下模式：英雄總是出身顯赫，通常乃是國王之子。他母親的受孕一般都要經歷重重阻力，譬如，父母曾節制生育，或是長期不育，或者出於外部的阻礙而秘密地媾合。在母親懷孕之前或孕期之中，會有預言以夢境或神諭的形式出現，警告他的出生會帶來危險，通常是針對他的父親（或其替代者）。出生後的英雄一般會被置於一個箱子中，丟棄在水裡。接著，他被動物或是身份卑微的窮人（牧人）救起，由雌性動物或是貧賤的婦人哺乳養育。當他長大成人之後，他會找到自己顯赫的親生父母，而這一過程可以是多種多樣的。一方面他向父親復仇，另一方面他的身份也得到了確認。最終，他獲得了地位與榮譽。

蘭克的英雄神話模式（見《英雄誕生神話》）

家立業來表現的，而這兩項中的任一項都要求個體與父母分離，並學會控制自己的本能欲望。脫離父母獨立並不表示對他們厭棄，而是自食其力；同樣地，不受本能欲望的束縛並不是說要否認它們，而是要控制它們。弗洛伊德說，檢驗幸福要看一個人工作和愛的能力，這顯而易見指的是人生前半段的奮鬥目標；在他看來，這也適用於人的整個一生。弗洛伊德學說所認為的問題是，一個人對其父母或本能有一種揮之不去的依戀。以依賴父母或反社會的方式來滿足本能的欲望，這是一直停留在心理發展的孩童階段的表現。

蘭克將他的模式運用於30多則英雄神話的分析

中；這一模式的範圍對應的是人的前半生。它始於英雄的誕生，止於英雄獲得一樁「職業」，大致相當於我們曾在第五章中提及的約翰·格奧爾格·馮·哈恩的模式，不過對後者的模式蘭克本人似乎並不知曉。

從字面或者意識的層面來說，蘭克的英雄是一個像俄狄浦斯一樣的歷史或傳奇人物。他之所以被稱為英雄，是因為他於籍籍無名中脫穎而出，通常都能夠登上王位。從字面來看，他是一個無辜的受害者，或不見容於父母，或為命運所捉弄。儘管他的雙親渴望有一個孩子，只是因為要保全父親才決定犧牲他的性命，但是不管怎麼說，他們確實是決心要把他當作犧牲品的。由此，即使這位英雄的弒父是有意為之，他的報復也是可以理解的：誰不曾想過要殺死那個想謀害自己的人呢？

從象徵的或者說是無意識的層面來說，這位英雄之所以是英雄，不是因為他敢於奪取王位，而是因為他敢於弒父。這弒父無疑是蓄意的，其原因也不是出於報復，而是出於性挫折。父親拒絕讓出他的妻子，而她其實才是兒子真正要奪取的對象：

> 一般來說，兒子厭惡父親或者兩兄弟之間相互仇視的最深層、並且通常是無意識的根源在於，他們對母親溫柔的心和愛的爭奪。（蘭克，《英雄誕生神話》，第66頁）

這太可怕了，讓人不敢面對，於是英雄神話的真實意義被編造的故事掩飾起來；在這個故事中，父親——而不是兒子——成了罪犯。故事的模式實際上只不過是孩子懷藏對父親敵意的藉口，並且這種敵意在虛構的故事中被投射到了父親的身上。（蘭克，《英雄誕生神話》，第63頁）

英雄所追求的欲望——亂倫——被掩飾為權力。最重要的是，此處的英雄以第三方的身份出現：他是神話中有名有姓的英雄，而不是神話的創作者，或任何受到這則神話挑逗的讀者。神話的創作者或讀者將自己等同於這位有名有姓的英雄，對他的勝利感同身受，陶醉不已，因為事實上這英雄的勝利正是他自己的勝利。他才是這神話真正的英雄。

在字面上，神話於英雄取得王位之時達到高潮。在象徵的意義上，英雄還得到了自己的伴侶。由此，我們似乎可以得出結論說，神話恰如其分地表達了弗洛伊德所說的人生前半段的目標。可事實上卻恰恰相反。實現的願望並非是遠離自己的父母，遠離自己反社會的本能衝動，相反地，是達成與父母之間最為激烈的關係，以及最為反社會的欲望：弑父和亂倫，甚至強姦。取代父親的位置、迎娶自己的母親，這可稱不上是脫離父母獲得獨立。

神話的創作者或讀者是一個成人，然而神話所發洩的願望卻是一個三到五歲的孩子的願望：

> 因此，神話是成人通過倒退到兒時的幻想創作出來的，神話中的英雄被打上了神話創作者兒時個人經歷的烙印。（蘭克，《英雄誕生神話》，第71頁）

這幻想就是要實現俄狄浦斯式的弒父娶母的願望。而神話則幫助創作它或利用它的成人實現他一直無法擺脫的這一願望。這個成人在心理上永遠都是個長不大的孩童。由於他從未能夠發展出一個強大的自我，以控制自己的本能，因此他是一個神經症患者：

> 存在這麼一類人，即所謂的精神神經症患者；依照弗洛伊德的學說，儘管他們看起來已經成人，但從某種意義上來說卻永遠停留在兒童階段。（蘭克，《英雄誕生神話》，第58頁）

由於區區一個小孩無法制服自己的父親，神話的創作者便設想他已經長大到能夠這樣做。簡言之，神話表達的不是弗洛伊德所說的人生前半段的目標，而是一直未能實現的兒童時期便已駐留的目標。

當然，俄狄浦斯式願望的實現是象徵性的，而非實際意義上的；是改頭換面的，而非公開的；是無意

識的，而非有意識的；是精神的，而非肉體的；是替代性的，而非直接的。神話的創作者或讀者將自己認同為神話中具名的英雄，在自己的心中搬演那些他永遠不敢在現實世界中付諸實施的行動。即使是具名英雄的俄狄浦斯式作為也是經過改頭換面的，因為英雄模式是在表像的——或者接近表像的——層面上、而非於潛在的層面上發揮功能。儘管如此，神話畢竟提供了某種形式的滿足，並且從神經症患者本能與道德之間衝突的角度來說，它提供的是一種最佳的可能實現方式。蘭克將神經症患者與「性變態者」作了對比；前者壓抑了自己的本能衝動，因此需要一個間接的發洩出口，而後者將自己的本能衝動付諸行動，因此被認為不需要任何神話之類不徹底的解決方案。

雅各布·阿洛

自蘭克的《英雄誕生神話》問世以來，主流的精神分析已經發生了很大的變化。自我心理學的發展將精神分析的範圍從反常人格拓展到正常人格；在這一新的發展的導引下，諸如美國的雅各布·阿洛(Jacob Arlow, 1912–2004)之類的當代精神分析學家將神話看作是對正常心理發展的促進，而非保持神經症的不絕。對這些學者來說，神話有助於人的成長，而不是

讓人像彼得‧潘[1]那樣，永遠停留在孩童階段。神話幫助人們適應社會和物質世界，而不是讓人像孩童般逃離這兩個世界。神話也許依然能夠起到實現本我(人的心靈中產生本能衝動的領域)願望的功能，但它服務於自我(防禦和適應)與超我(克己)的功能遠大於此。進一步說，在當代弗洛伊德主義者看來，神話不只是幫助神經症患者，它幫助每一個人。總而言之，經典弗洛伊德主義者看到的是神話的負面作用，而當代弗洛伊德主義者更多地看到了神話的正面作用。阿洛寫道：

> 精神分析能夠對神話研究作出更大的貢獻，並非僅止於說明神話中存在的那些常常出現於神經症患者無意識思維中的願望。神話是一種特定類型的集體經驗，是共有幻想的一種特殊形式；在某些共同需要的基礎上，它幫助個人和個人所在文化群體的成員之間建立起關係。與此相對應，研究神話可以從它在精神整合中發揮的作用出發——它如何在防範罪惡感與焦慮的發生方面發揮作用，如何構成一種對現實以及個人所在團體的適應形式，如何影響個體身份的定型以及超我的形成。(阿洛，《自我心理學和神話研究》，第375頁)

1　彼得‧潘是蘇格蘭作家詹姆斯‧巴里同名童話中的主人公，是一個不願長大也永遠長不大的孩子。

對經典弗洛伊德主義者來說，神話和夢相同，而當代弗洛伊德主義者則認為兩者不同。夢依然起到滿足人的願望的作用，但神話的作用則是否定它們，或是將其昇華。在經典弗洛伊德主義者看來，神話完全就是公共的夢，而當代弗洛伊德主義者則認為，由於神話是公器，因此它起到社會化的作用。

布魯諾·貝特爾海姆

出生於維也納、最終定居美國的著名弗洛伊德主義精神分析學家布魯諾·貝特爾海姆(Bruno Bettelheim, 1903–1990)在其暢銷書《魔法的應用》中表達的許多見解與阿洛的相同，但他將這些見解歸於童話，而非神話；他不同尋常地將神話與童話對立起來，又以經典弗洛伊德主義的方式進行闡釋。經典弗洛伊德主義者傾向於將神話與童話看作是同類，就像他們對神話與夢的看法一樣。將神話與童話拿來作對比的是當代弗洛伊德主義者，不過他們通常更看重神話，因為他們認為神話服務的對象是自我或者超我，而童話服務的對象則是伊德，即本我。(在諸多認為神話與童話相類似的經典弗洛伊德主義者當中，一個重要的例外是匈牙利人類學家蓋佐·羅海姆[Géza Róheim, 1891–1953]；他將神話與童話或民間傳說對立起來，是阿洛的觀點的先驅。)

貝特爾海姆顛倒了阿洛的觀點。誠然，他並不認為神話是實現願望的途徑。他甚至重複了阿洛的觀點，宣稱：

> 神話通常包含了超我的種種需求，它們既與本我激發的行動相衝突，又與自我的自我保存欲望相衝突。（貝特爾海姆，《魔法的應用》，第37頁）

但是，與阿洛相反的是，貝特爾海姆認為，神話的超我是如此頑固，以致它所支持的成熟過程無法達成。童話也和神話一樣宣揚成熟過程，但它的方式更為柔和，因此在神話失敗之處，它卻成功地達成了這種成熟。神話中的英雄往往是神，他們之所以取得成功，是因為他們異於凡人。童話中的英雄卻是普通人，他們的成功激勵人們爭相效仿。總之，對貝特爾海姆來說，神話最終阻礙了心理成長，而童話則培育了心理成長。

阿蘭・鄧迪斯

　　並非所有當代的弗洛伊德主義者都對研究神話的經典方法嗤之以鼻。傑出的美國民俗學家阿蘭・鄧迪斯（Alan Dundes, 1934–2005）就是一個挑戰潮流的老派學者。在他看來，神話實現被壓抑的願望，而不是棄絕或者昇華這些願望。鄧迪斯宣稱：

民間傳說的內容……大部分是無意識的。因此，它在極大程度上代表了本我，而不是自我。從這一角度來看，自我心理學絕不可能為民間傳說的大部分內容作出解釋。(鄧迪斯，《民俗解析》，第xii頁)

鄧迪斯以指明神話所宣洩的潛藏的、反社會的願望為樂——這些願望是俄狄浦斯式的，也是肛欲的；是異性戀的，也是同性戀的，有時甚至是完全無性的。

後弗洛伊德時代的蘭克

儘管弗洛伊德願意承認「人出生的行為是第一次焦慮體驗，因此也是焦慮這一自覺感情的根源與原型」，但他從未打算將出生當作焦慮和神經症主要的——更不用說是唯一的——根源。他拒絕將俄狄浦斯情結置於出生創傷之下；前者以父親為中心，後者則必定以母親為中心。蘭克在這一問題上與弗洛伊德發生分歧，他認為嬰兒在出生時的焦慮是此後一切焦慮的根源。與父親的衝突仍然存在，但其原因是父親封殺了兒子回歸母親子宮的渴望，而不是因為他封殺了兒子的俄狄浦斯式渴望。對父親的恐懼是對母親的恐懼的誤置；母親拋棄而不是閹割了她的兒子。對母親的性欲望同樣也是回歸子宮、而非獲得俄狄浦斯式滿足的一種手段。

蘭克的《英雄誕生神話》已經顯示出他的學術關注在前後期的裂隙；他接續的、後弗洛伊德時代的關注焦點是英雄的誕生，而他原初的、弗洛伊德時期的關注焦點則是英雄的行為。儘管這本書的書名明顯把英雄的出生拈了出來，但在其模式中，英雄的出生卻是從屬他的行為的：英雄的出生之所以具有決定意義，並非因為英雄和他母親的分離，而是因為英雄的父母在他出生時試圖阻止其弒父預言的應驗。蘭克確實指出，兒子的誕生因此構成了對父母的反抗，但反對兒子出生的是父母，而不是兒子本人。

蘭克真正的轉變是從《出生創傷》開始的；在這本書中，他系統地闡釋了人的一生，以切合出生創傷。蘭克仍然將神話視作願望的實現，但現在所實現的願望是消除出生這一行為，或創建第二個子宮，就像願望在其餘的文化中所實現的內容一樣。在《英雄誕生神話》中，父親是主犯，因為他反對兒子的出生，而在《出生創傷》中，母親是主犯，因為她造成出生的事實。俄狄浦斯因為發現自己與母親亂倫而刺瞎雙眼，這並不代表他為自己的俄狄浦斯行徑感到罪惡，而是代表他回歸到母親子宮的黑暗中；而他最終穿過一塊裂開的岩石進入冥府，消失不見，則再次表明了同樣的願望傾向，即回到大地母親的體內。（蘭克，《出生創傷》，第43頁）

毫無疑問，阿多尼斯神話在這裏會被歸為前俄狄

浦斯式的 —— 而非俄狄浦斯式的 —— 對母親之依戀的一個例證。然而，阿多尼斯的例子具有更極端的性質：他甚至沒有意識到自己已經出生，已經被拋到了這個世界上。他以為自己依然生活在子宮般的世界中。證明他失敗的是他的死而不是他的生，而他的死也沒有使他重返子宮。

C.G. 榮格

對弗洛伊德和蘭克來說，英雄行為只發生在人生的前半段，而對C.G. 榮格來說，它更多地是發生在人生的後半段。對弗洛伊德和蘭克來說，英雄行為與父母和本能衝動相關，而對榮格來說，英雄行為還與無意識相關。他認為，在人生的前半段，英雄行為不僅意味着與父母和反社會的本能衝動的分離，而且更多地意味着與無意識的分離：在榮格看來，每一個兒童對意識的成功塑造都是一項非凡的英雄業績。和弗洛伊德主義者一樣，榮格主義者同時分析所有的神話，而不僅僅是英雄神話；他們也同樣對其他類型的神話作出英雄神話式的闡釋。例如，他們認為創世神話象徵了意識自無意識中的誕生。

對弗洛伊德來說，無意識是本能衝動被壓抑的產物。對榮格來說，無意識是繼承來的，而不是被創造出來的，它所包含的內容也遠遠不止是被壓抑的本

能。因此，獨立於榮格所說的無意識，其意義遠遠超過獨立於本能。它意味着意識的形成，而意識的對象在人生的前半段則是外部世界。

榮格獨一無二地提出了人生的後半段，這一階段的目標同樣是意識；但它這時的對象卻不是外部世界，而是榮格所說的無意識。個人與無意識的聯繫都曾毫無例外地被割裂，而這時他必須回歸無意識。但是，回歸無意識的目的並非割裂人與外部世界的紐帶。恰恰相反，其目標仍然是回歸外部世界。它的理想是在對外部世界的意識與對無意識的意識之間達成某種平衡。人生後半段的目標不是拋棄前半段已經取得的成就，而是對其進行補充。

正如經典的弗洛伊德主義問題是關於人立身於外部世界的失敗，榮格主義的問題同樣特點鮮明，它關乎人內在地重建自身的失敗。弗洛伊德主義的問題源自於對兒童世界的過度依戀。榮格主義的問題源自於對外部世界（即人在脫離兒童世界後所進入的世界）的過度依戀。割裂了與內在世界的聯繫就會感到空虛和迷茫。

約瑟夫·坎貝爾

榮格認為，英雄行為在人生的前後兩個階段都可以存在，可是約瑟夫·坎貝爾 —— 他的《千面英雄》

是與蘭克的《英雄誕生神話》相對的經典榮格主義著作 —— 卻不這麼看。蘭克將英雄行為限定在人生的前半段，坎貝爾卻將其限定在人生的後半段。

蘭克的模式始於英雄的誕生，坎貝爾的則始於英雄的冒險。蘭克模式的終了之時正是坎貝爾模式的開始之際：即成年的英雄於自己的家中安穩度日。蘭克的英雄必須足夠年輕，以便他的父親 —— 在有些情況下甚至是他的祖父 —— 仍然在位。坎貝爾沒有明確說明他的英雄的年齡，但必然不會小於蘭克的英雄神話結束時英雄的年齡，即青年時代。他必然已經進入人生的後半段。坎貝爾承認人生前半段存在英雄行為，他甚至還引述過蘭克的《英雄誕生神話》，但他卻將這種青年時代的英雄行為降格為對成年時代的英雄行為所作的準備。與榮格相反，坎貝爾將出生看作是非英雄行為，因為這是在英雄無意識的情況下發生的！

蘭克的英雄一定是皇家之子，至少也是身世顯赫。坎貝爾的英雄則可以出身任何階層。坎貝爾引證的英雄中女性的數量至少與男性相當，儘管其模式的第二階段 —— 英雄進入社會的成人儀式 —— 一定要求英雄都是男性！同樣地，儘管他的模式要求的是成年英雄，但他引證的一些英雄卻正當青春！最後，儘管他的模式要求他的英雄是凡人，但他引證的英雄中有一些卻是神！與之相反，蘭克的模式則容許英雄既可為凡人，也可為神。

蘭克的英雄最後回到他的出生地，坎貝爾的英雄
則大步向前，進入一個他之前從未造訪甚至不知其存
在的陌生新世界：

> 命運召喚英雄，將他的精神重心從其所在社會轉移
> 到一個不知名的地區。這個既藏有財寶又充滿危險
> 的宿命之地可以表現為各種不同的形態：遙遠的國
> 度，廣袤的森林，地下、水中或天上的王國，神秘
> 的島嶼，高聳的山巔，或是深沉的夢境。（坎貝爾，
> 《千面英雄》，第58頁）

這一非同尋常的世界是諸神的世界，而英雄必須來自
人類的世界，由此才能使得這兩個世界形成鮮明的對
照。在英雄於這個奇異的、超自然的世界所遭遇的一
切中，最重要的是一位至高的女神和一位至高的男
神。母親般的女神是充滿深情與關愛的：

> 她集萬千美麗於一身，能夠滿足一切欲望，是每一
> 位英雄塵世和非塵世冒險的極樂目標。（坎貝爾，《千
> 面英雄》，第110–111頁）

相反，男神則是殘暴無情的，簡直就是一個「妖
魔」。英雄與女神發生性關係並且娶她為妻。他與
男神進行決鬥，這可能發生在遇到女神之前，也可

神話中英雄冒險歷程的標準道路是呈現在通過禮儀[1]中的公式(分離—成人—回歸，它可以被稱為元神話的核心部分)的一種放大。

一位英雄踏上冒險的旅程，從日常世界進入到超自然的奇境：在那裏他遇到了種種神奇的力量，並獲得了一場決定性的勝利：英雄從這一神秘的歷險歸來，同時帶回了為自己的同胞帶來福祉的力量。

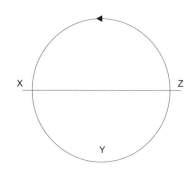

坎貝爾的英雄神話模式(見《千面英雄》)

1　人類學用語，指為人生進入一個新階段如出生、命名、成年、結婚、患病、死亡而舉行的儀式。

能在之後。但是，他是與這兩者 —— 而不僅僅是與女神 —— 產生了神秘的同一，從而他自己也具有了神性。

　　蘭克的英雄返家直面自己的父母，坎貝爾的英雄則離家去直面男神和女神；這男女二神猶如父母，卻不是父母。然而，兩個英雄的遭遇卻驚人地相似：蘭

克的英雄殺死自己的父親，並且（通常僅在潛在的意義上）娶了自己的母親；坎貝爾的英雄也是一樣，（即使常常是次序反過來地）娶了女神，並且與男神戰鬥（雖然未必殺死男神）。

然而，這兩個英雄間的差異其實意義更為深遠。由於女神並非英雄之母，因此與她之間的性關係並不構成亂倫。進一步説，他們二人不僅結了婚，還發生了神秘的同一。而且，儘管表面看來並非如此，對坎貝爾來説，英雄與男神的關係同樣是具有積極意義的。英雄從這位父親般的男神處尋求的其實是和他剛剛或即將從女神處獲得的同樣的愛。他尋求和解，即「贖罪」。

坎貝爾寫道，伴隨成人儀式的神話「揭示了父親原型慈愛的、自我犧牲的一面」；這裏，他的「原型」一詞使用的是榮格的概念。對於弗洛伊德主義者來説，男神和女神象徵了父母；對於榮格主義者來説，父母象徵了男神和女神，而男神和女神又象徵了父親和母親原型；這兩個原型是英雄人格的構成成分。英雄與男神和女神的關係並不像弗洛伊德和蘭克所説的那樣，象徵了兒子與他者——即父母——的關係，而是象徵了男性人格中的一個方面（自我）與另一個方面（無意識）之間的關係。父親和母親原型不過是構成榮格主義的無意識，或者説「集體」無意識的原型的其中兩個。原型之所以是無意識的，並非因為它

們被壓抑了，而是因為它們從來沒有成為意識。對榮格與坎貝爾來說，神話的起源和功能並不像弗洛伊德和蘭克認為的那樣，是為了滿足無法公開表露的神經症欲望和衝動，而是為了表達人格中仍未獲得機會實現的正常的方面。

通過將自己與神話中的英雄等同起來，蘭克的男性神話創作者或讀者在自己的心靈中間接地經歷了一場冒險；這場冒險如果要直接獲得實現的話，必將發生在自己的父母身上。與此相反，坎貝爾的男性／女性神話創作者或讀者在自己的心靈中間接經歷的這場冒險，即使直接獲得實現，也必定依然是發生在心靈中的。因為英雄實際遭遇的正是心靈的組成部分。用吸毒的行話來說，坎貝爾的英雄冒險就相當於「神遊仙境」。

在成功地擺脫了安全的、日常的世界，踏入了那個充滿危險的新世界之後，坎貝爾的英雄為了完成自己的旅程，又必須回過頭來擺脫他現已置身其中的這個新世界，返回日常世界。新世界是那般充滿誘惑，要離開它比當初離家更加困難。我們不難看到，奧德修斯回家的途中，喀耳刻[2]、卡呂普索[3]、塞壬[4]、食落拓棗者[5]都拿

2　能將人變為牲畜的女巫。

3　海上仙女，曾將奧德修斯截留於其島上七年。

4　半人半鳥的女海妖以美妙歌聲誘惑過往海員，使駛近的船隻觸礁沉沒。

5　奧德修斯在北非發現的部族，以懶散、安逸、忘卻和不思不慮為特點。

無憂無慮、青春永駐的生活來誘惑他，讓他幾乎忘記了回家的使命。

　　榮格常常為人們所誤解，其實他和弗洛伊德一樣，都反對純粹的無意識狀態。他們都力圖對無意識產生意識。他們的理想依然是意識。榮格既堅決反對棄絕無意識，以一般意識，或者說自我意識取而代之，也堅決反對棄絕自我意識，以無意識取而代之。他試圖在自我意識與無意識之間、在對外部世界的意識與對無意識的意識之間尋求一種平衡。對榮格來說，英雄倘若無法回歸日常世界，便意味着他未能抵擋住無意識的誘惑。

　　坎貝爾與榮格截然相反，他尋求純粹的無意識。坎貝爾的英雄從未回歸日常世界，他向無意識繳械投降了。然而，坎貝爾本人是要求他的英雄回歸日常世界的。那麼，他的英雄為甚麼拒絕這樣做呢？答案是，坎貝爾的英雄回歸的是那個奇異的新世界，這個新世界滲透於日常世界之中。獨立的日常世界是不存在的。日常世界與新世界其實是一個世界：

> 這兩個世界，神的[即新的]世界和人類的[即日常的]世界，猶如生與死、日與夜那樣判然分明。……儘管如此……這兩個王國其實同為一體。
>
> （坎貝爾，《千面英雄》，第217頁）

如同電影《綠野仙蹤》中的多蘿茜一樣，英雄根本就不需要離開家。榮格支持自我意識與無意識之間的平衡，而坎貝爾則支持二者的融合。他將對英雄神話的哲學闡釋與心理學闡釋結合起來，認為所有英雄神話都是在宣揚神秘的同一。

阿多尼斯

　　儘管榮格只是對阿多尼斯寥寥幾筆帶過，但他確實提到阿多尼斯是「永恆的男孩」(*puer aeternus*)原型的一個例證。對此原型，榮格也沒有詳加說明，不過他卻對另一個相關的原型用相當大的篇幅作了探討，這就是「偉大的母親」原型。榮格最親密的弟子瑪麗－路易‧馮‧弗朗茨(Marie-Louise von Franz)有一本探討「永恆男孩」原型的著述，但她主要討論的是其他的例子，而不是阿多尼斯。

　　從榮格主義的觀點來看，阿多尼斯神話的功能不僅是呈現「永恆男孩」原型，而且是要對這個原型作出評價。這則神話對那些將自己認同於這一原型的人提出了警告。像阿多尼斯那樣過一個「永恆男孩」的生活，就是要過一種心理上為嬰兒、並且最終為胎兒的生活。神話中的「永恆男孩」毫無例外地都會夭折，從心理學的意義上來說，這意味着自我的死亡和對子宮般的無意識的回歸——不過並非像後弗洛伊德

時代的蘭克所認為的那樣，是要回到真正的子宮。

作為一個原型，「永恆男孩」構成了人格的一個方面，而既然它是人格的一個方面，那就必須被接受。「永恆男孩」人格則是一個人在這一人格方面走得太過的結果：他讓「永恆男孩」原型成為了他人格的全部。他無法抗拒它的魅力，向它繳械投降，因此也就丟棄了自我，回復到完全的無意識狀態。

「永恆男孩」人格無法抗拒「永恆男孩」原型的原因在於，他始終處在「偉大母親」原型的魅力誘惑下，而後者最初是與作為一個整體的無意識相等同的。由於無法掙脫她的束縛，他從未能夠鍛造出一個強大的、獨立的自我，而沒有這個自我，他也就轉而對任何他所遇到的溺愛他的女性喪失了抵抗力。他向「永恆男孩」原型的投降意味着他向自己渴望回歸的「偉大母親」的投降。一個「永恆男孩」「只能依賴和透過母親活着，無法自立根基，因此，他發現自己處在一種永恆的亂倫狀態中」。榮格甚至稱他只是「母親的夢」，最終被母親所收回。

從生理學的意義上來說，一個「永恆男孩」的年齡範圍可以從青春期(這是表現最為激烈的時期)直到中年甚至老年。然而從心理學的意義上來說，一個「永恆男孩」就是一個嬰兒。對弗洛伊德來說，被俄狄浦斯情結控制的人其心理年齡固定在三到五歲，而對榮格來說，一個「永恆男孩」的心理年齡在出生時

就已經固定了。俄狄浦斯情結預設了一個獨立的自我，它「極其自負地」試圖將母親據為己有，「永恆男孩」則包含了一個脆弱的自我，尋求向母親繳械投降。「永恆男孩」尋求的不是主宰而是同化，因而甚至是對出生前狀態的一種回歸。

弗洛伊德和蘭克、弗洛伊德主義者和後弗洛伊德主義者都認為，在任何階段對母親的依戀都意味着對自己的生身母親或母親替代者的依戀。榮格則認為，對母親的依戀意味着對母親原型的依戀，一個人的生身母親或母親替代者只不過是這一原型的表現形式。弗洛伊德認為，男孩子應該擺脫對自己母親的渴望，不論這種渴望是嬰兒期的，還是俄狄浦斯式的。榮格則認為，男孩子應該擺脫將自己認同於母親原型的傾向。在弗洛伊德看來，不能成功解脫意味着對自己母親的永恆依戀。在榮格看來，不能成功解脫則意味着把自己的人格限定在內部的母親原型之中。對弗洛伊德來說，尋求解脫的鬥爭是在一個人與另一個人 —— 兒子與母親 —— 之間進行的。對榮格來說，這種鬥爭則是在一個人的一部分與另一部分 —— 自我與無意識 —— 之間進行的，而後者最初正是由母親原型所象徵的。

由於原型表達自己的方式從來不是直接的，總是通過象徵的，因此，男孩認識到的母親原型的方面只能是透過自己的生身母親或母親替代者獲得的那些。一位拒絕對自己的兒子放手的母親只能讓兒子認識到

母親原型溺愛的、消極的方面。一位不論如何不情願、最終能讓孩子獨立成長的母親可以讓孩子認識到母親原型慈愛的、積極的方面。一開始，任何孩子都不願離開母親的懷抱。母親若過份溺愛呵護孩子，只顯示母親原型的負面影響，就會誘使孩子永遠依附在她的卵翼下。假若她懂得如何教養，顯示母親原型的正面影響，就能夠推動孩子抵抗這一誘惑。作為一個原型，母親原型的所有方面都是繼承來的。一個人對母親形象的體驗決定的只是母親原型的哪些方面被引出。一個從未體驗過慈愛的母親形象的男孩永遠也發展不出潛藏在他身上的母親原型的這一方面。

「永恆男孩」對自己的性格可以是有意識的，也可以是無意識的。當然，即使是意識到自己性格的「永恆男孩」也會將具有誘惑力的女性體驗為「偉大母親」原型的顯現；但是，他至少能認識到，其他男性對女性的體驗是不同的 —— 即將她們作為可能的配偶來體驗。他只是理所當然地認為，對他來說只要有神秘的合一就足夠了。他對自己的這種不合常規的態度有着清醒的意識，並且頗感自豪。在具有清醒意識的「永恆男孩」的例子當中，最為人所知的應該是卡薩諾瓦[6]。

6　卡薩諾瓦(1725-1798)，意大利作家和冒險家，當過間諜和外交官，以對女性具有不可抗拒的魅力和一生浪蕩而聞名，著有六卷本《回憶錄》（或譯《我的生平》）。意大利著名導演費里尼曾將他的生平搬上銀幕，突出了他一生作為「性鬥士」經歷的種種豔遇。

與之相反，無意識的「永恆男孩」以為所有人都和他一樣。他以為所有的男性都尋求與女性的合一，除此之外便不存在任何其他的關係。一個引人注目的例子是埃爾維斯·普雷斯利[7]；他是一個典型的「嬌生兒」，在他生命中的最後20年像隱士一樣生活在子宮般的嬰兒世界中，在那裏他的一切願望都即刻獲得滿足；然而，他卻認為自己完全正常，事實上，他認為自己是「徹頭徹尾美國式的」。

由此，「永恆男孩」既可以是一個真實的人，也可以是一個象徵。歷史上一些著名的「永恆男孩」甚至自身都變成了象徵。儘管歷史上的「永恆男孩」在生理上都是成年人，但象徵性的「永恆男孩」卻可能永遠都不會長大，也因此精確地反映了真實的「永恆男孩」人格力圖效仿的青春永駐的生命。象徵性的「永恆男孩」最著名的例子就是彼得·潘和小王子。

正如「永恆男孩」可以是有意識的，也可以是無意識的，他與外部世界可以是相適應的，也可以是不相適應的。在外部世界中，他可能已在婚姻和工作中安頓下來，但卻不能從這兩者中獲得滿足。或者他甚至無法在外部世界中安頓下來，就好像唐璜和「永久的學生」[8]。

---

7 埃爾維斯·普雷斯利(1935–1977)，綽號「貓王」的美國著名搖滾樂明星，以傑出的歌唱天才、超凡的魅力和性感對人們、特別是女性具有巨大的誘惑力。

8 唐璜是歐洲民間傳說中著名的浪蕩子形象，以勾引女性、荒淫無度著

與「永恆男孩」原型相對的是英雄原型。「永恆男孩」失敗的地方正是英雄成功的地方。在英雄的前半生，自我成功地擺脫無意識的羈絆，使自己立身於社會。英雄做到了成家立業，「永恆男孩」則兩者任一都未達成。在英雄的後半生，現已獨立的自我又成功地從社會中掙脫，在回歸無意識的同時卻不深陷其中。英雄在其前半生依據社會的規約安身立命，又在其後半生向這些社會規約提出挑戰。但這時的英雄是具有清醒意識的挑戰者；「永恆男孩」則只是一個無意識的挑戰者。英雄為他的信念甘冒失去一切的風險，「永恆男孩」則不願有任何擔當，因此也就不冒任何風險。真正的英雄猶如代達羅斯，「永恆男孩」卻猶如伊卡洛斯。由於「永恆男孩」在其前半生是一個失敗的英雄，因此其後半生必然也是一個失敗的英雄。實際上，對他而言根本就沒有甚麼後半生。

　　阿多尼斯是一個典型的「永恆男孩」，因為他從未婚娶，從未立業，在風華正茂時夭折。他實際上從來就沒有長大。他為了使得自己能夠出生，不得不裂樹而出。在奧維德的故事中，他變成了樹的母親很不情願讓他出世。像其他所有的母親一樣，她為自己的懷孕欣喜若狂，但與尋常母親不同的是，她想要將他藏在自己的體內。阿多尼斯需要自己找到出路。

稱。拜倫等許多作家都寫過以他為主人公的作品；「永久的學生」是指那種永遠賴在學校、不肯踏入社會的人。

在阿波羅多羅斯的故事中，阿多尼斯才剛剛破樹而出，阿佛洛狄忒就把他又扔了回去——當然，不是扔回到樹中，而是扔進一個箱子裏。因此，她就抵消了阿多尼斯為自己的出生所作的艱苦努力。阿佛洛狄忒將箱子委託給珀耳塞福涅保管，卻沒有向她說明箱子裏裝的是甚麼。當珀耳塞福涅打開箱子，發現了阿多尼斯時，同樣愛上了他，並拒絕將他交還給阿佛洛狄忒。正像他的母親一樣，這兩位女神都想要獨佔他。雖然宙斯的決定給了阿多尼斯一年中三分之一時間的自由，但阿多尼斯卻寧願將自己的三分之一也讓給阿佛洛狄忒。這樣，阿多尼斯就從未脫離過這些母親原型形象的監護。

阿多尼斯無法抗拒這些女神，但這並不是因為她們激起了他的性欲。在他的眼裏，這些女神並非無法抗拒的絕色佳人，而是猶如他的母親一樣；和她們在一起，他尋求的不是性交，而是同化。在他與這些女神之間存在着一種原始狀態的神秘同一；路西安·列維－布留爾(榮格常常引用他)稱之為「神秘的參與」(見第一章)。從心理學的意義上來說，阿多尼斯所處的正是列維－布留爾和在他之後的榮格所認為的人類的「原始」階段。他無視自己的生命與他人之間的不同，是「永恆男孩」一個最極端的例子——是一個外傾的無意識的例子。坎貝爾可能會讚頌阿多尼斯對世界的認同是神秘的，而榮格則會批評這種認同是嬰兒般的。

第七章
神話與結構

克勞德·列維–施特勞斯

　　克勞德·列維–施特勞斯對神話研究的貢獻在第一章已經有所論述；他不僅復興了泰勒認為神話是原始科學的觀點，而且更重要的是，他開創了研究神話的「結構主義」方法。讓我們回顧一下：列維–施特勞斯認為，神話是思維本身的一個實例，不論是現代思維，還是原始思維，因為它將種種現象作了分類。列維–施特勞斯提出，人類的思維活動是以分類的方式進行的，具體來說，就是將對立的事物和現象配對，然後將它們投射到世界上。列維–施特勞斯不僅將神話和科學看作是分類法，而且認為烹飪、音樂、藝術、文學、服裝、禮儀、婚姻、經濟學等也都顯示出人類配對的衝動。

　　對列維–施特勞斯來說，在這種種現象中，神話的顯著特點有三。首先，神話看起來似乎是其中最無序的：「在一則神話的故事進程中，似乎任何事情都可能發生。[好像]不存在邏輯，不存在連續性。」倘若

連神話也能捉對配成一組組對立的事物，那就可以無可辯駁地證明，秩序是一切文化現象的固有本質，而構成其基礎的必然是思想。正如列維–施特勞斯在其探討印第安神話的四大卷巨著《神話學導論》一開始就宣稱的那樣：

> 我現在將要着手對神話進行的實驗，其結果將會是更具決定性的。……倘若通過這個例子也能夠證明，思想貌似的隨意性，以及它所謂自發流淌的靈感和看似無法操控的創造性暗示着在更深的層面上存在着運作法則的話，我們就無可避免地會得出這樣的結論：當思想只與自身、不再與實物達成契合時，從某種意義上來説，它是被簡化為將自身作為實體來模仿……倘若人的思想甚至在神話領域中都表現為是確定的，那麼，不用説，它在自己活動的一切領域中也一定都是確定的。（列維–施特勞斯，《生食和熟食》，第10頁）

和泰勒一樣，列維–施特勞斯訴諸於思想的有序性，以此證明神話源自觀察和假設等具有科學特徵的過程，而非源自漫無邊際的想像。

其次，在列維–施特勞斯所探討的一切現象中，只有神話(再加上圖騰崇拜)是專屬原始時期的。倘若證明神話是有序的，就能夠證明它的創作者也是有序

的，因而也是具有邏輯思維和理智的。

最後、也是最重要的一點是，神話不僅憑藉一己之力表達相當於二元矛盾的種種對立事物，而且還化解這些對立：「神話的目的在於提供一種能夠解決矛盾的邏輯模式。」神話化解，或者更確切地說，是「辯證地」調和矛盾；它的方式有兩種，或是提供一個折中的調解條件，或是提供一個類似的、但更易化解的矛盾。

神話中表達的矛盾和其他現象中所表達的矛盾一樣，有着無以數計的類型。不過，所有這些矛盾似乎都可以簡化為「自然」與「文化」這一基本矛盾的實例；它源自於這樣一種衝突，即人類既將其成員體驗為動物，因此也就是自然的一部分，又將其體驗為人類，因此也就是文化的一部分。這個衝突是人類思想中的二元對立在世界上的投射。人類不僅用「二元對立」的方式來思考，而且也因此用「二元對立」的方式來體驗世界。由此看來，列維-施特勞斯似乎與弗洛伊德、榮格一樣，將心靈而非世界視為神話的主題。然而事實上卻不是這樣。與弗洛伊德、榮格不同，他力圖識別這些投射並非為了將其收回，而只是為了追溯這些投射的本源。(同時，列維-施特勞斯宣稱，世界本身就是以「二元對立」的方式構建起來的，因此人類的投射儘管只是投射，但與自然的本質是相吻合的。榮格在其關於「同步性」的概念中表達的也是相

同的意思。)一旦列維–施特勞斯確實追溯到這些投射的本源時,他進而將它們視作對世界的體驗,這樣,列維–施特勞斯就和布爾特曼、約納斯、加繆一樣,認為神話的主題是與世界的遭遇 —— 但是這裏的世界是被體驗為二元對立的世界,而非陌生的世界。

自然與文化之間的衝突最顯著的例證是列維–施特勞斯所發現的反復出現的二元對立:生食與熟食、野獸與家畜、亂倫與異族通婚。至於他所發現的其他二元對立 —— 譬如日與月、地與天、熱與冷、高與低、左與右、男與女、生與死 —— 如何象徵自然與文化之間的分裂而非自然內部的分裂,則遠不是那麼清楚。而像姐妹與妻子之間、男入女族婚姻與女入男族婚姻之間的二元對立如何象徵自然與文化的分裂,而非社會內部(因此也是文化內部)的分裂,同樣也是不甚了了。

依照列維–施特勞斯的觀點,俄狄浦斯神話調和了自然與文化的一個衝突實例,它的方法是指出人類對與這一衝突相似的一種情況是具有容忍度的:

> 儘管該問題[即該二元對立]顯然無法獲得解決[即化解],但俄狄浦斯神話提供了一種邏輯工具,簡單來說,就是用它替代原初的問題。……通過這樣的並置對比[即原初的二元對立與一個類似的二元對立之間的並置對比],對原生性的逃避企圖與這種逃避的不可能成功性這一二元對立[即需要化解的

二元對立]就被對血緣關係的過份看重與着意輕視之間的二元對立[即一個更易被容忍的二元對立]所取代。（列維–施特勞斯，《神話的結構研究》，第82頁）

　　列維–施特勞斯並非按照情節發展的時間順序來組織神話元素，而是按照兩組對立物反復出現的順序來組織的；他提出，神話通過將一組對立物與另一組可與之比較的、且已被接受的對立物並置，來緩和前一組對立物之間的內部張力。在俄狄浦斯神話中，已被接受的對立是對「血緣關係」的「過份看重」和「着意輕視」。「過份看重」指的是亂倫(俄狄浦斯娶母)或以家庭的名義破壞某一禁令(安提戈涅埋葬自己的哥哥波呂尼刻斯[1])。「着意輕視」指的是弒弟(厄特俄克勒斯殺死弟弟波呂尼刻斯[2])或弒父(俄狄浦斯殺父)。「過份看重」代表了自然，因為它出自本能。「着意輕視」代表了文化，因為它是非自然的。列維–施特勞斯以俄狄浦斯神話為典型例證，集中探討家庭成員間的性與殺戮，由此看來，他似乎是弗洛伊德的支持者；但事實上他卻對弗洛伊德的分析不屑一顧，認為後者的分析只不過是這一神話的另一個版本而已，連比較粗劣的分析都算不上。

1　安提戈涅是俄狄浦斯之女，不顧其舅克瑞翁的禁令為死去的兄長營葬，後被關入岩洞，自縊身死。
2　厄特俄克勒斯和波呂尼刻斯皆為俄狄浦斯之子，在七將攻忒拜的故事中，保衛城市的厄特俄克勒斯與攻城的波呂尼刻斯決戰，雙雙戰死。

在俄狄浦斯神話中，要求獲得接受的二元對立是對「原生根源」的「否定」與「肯定」。否定指的是殺死從土中生出的怪物，這怪物或是阻礙人的出生(卡德摩斯[3] 殺死巨龍，將巨龍的牙齒拔下，種在地裏，於是長出了人)，或是威脅人的生存(俄狄浦斯殺死令忒拜人不敢外出、幾乎要餓死的斯芬克司[4])。「肯定」是指神話中一個普遍的意象，即從大地中誕生的人往往行走困難(俄狄浦斯名字的意思就是「腫大的腳」)。殺死從土中出生的怪物，意味着否定人與大地的聯繫；給人取帶有行走困難的意思的名字，則意味着肯定人與大地的聯繫。「否定」代表自然，因為人事實上是父母所生，而不是從大地中生出的。「肯定」則代表了文化，因為神話宣稱人是從大地中誕生的。列維–施特勞斯從未作出說明的是，為甚麼古希臘人較能容忍某一組對立物，而對另一組卻並非如此。

然而，其他神話即使在這一限度內也無法像俄狄浦斯神話那樣克服二元對立。相反，它們表明任何供替代的對立組合都只能更糟。以北美印第安蒂姆西亞人的阿斯迪瓦爾神話為例，它的作用是

使現實的缺點[即矛盾]合理化，因為各種極端的[亦

3　又寫作Cadmus，為腓尼基王子，曾殺巨龍，埋其齒，結果長出一批武士，相互殘殺，最後剩下五人，與他一起建立了忒拜城。

4　帶翼的獅身女怪，叫過路行人猜謎，猜不出者即遭殺害。

即供替代的]狀況被想像出來只是為了表明它們是站不住腳的。（列維–施特勞斯，《阿斯迪瓦爾神話研究》，第30頁）

神話並未着手化解生與死之間的矛盾，而是令死亡顯得比永生更優越：

北美印第安人對此所作的解釋是，假如沒有死亡，地球就將人滿為患，無法為每一個人都提供立足之地。（列維–施特勞斯，《訪談錄》，安德烈·阿庫恩等編，第74頁）

由於神話關乎人類對世界的體驗，更不必說關乎對世界最深沉的焦慮體驗，因此它似乎具有存在主義的意義，布爾特曼、約納斯和加繆就都持這樣的觀點。但列維–施特勞斯和泰勒一樣，認為神話只是一種冷靜的智識現象：神話中所表達的二元對立構成的是邏輯謎題，而非存在主義困境。神話關乎思維，而非情感。同時，神話更多地是關於思維的過程，而非其內容。由此，列維–施特勞斯早在當代認知心理學家之前就提出了他們所關注的核心問題。

列維–施特勞斯將自己研究神話的方法稱作「結構主義的」方法，是旨在將其與神話研究中的「敘事性」闡釋，即依附於情節的研究方法區分開來。本書所討論的其他所有理論都是歸於後一類的。不論他們

是從字面或是象徵的意義上闡釋神話，他們都將神話視作有頭有尾的故事。當然，這並不是說所有這些理論家都對神話的情節懷有同等的興趣。譬如列維－布留爾關注的就是構成神話情節基礎的世界觀，但是，他依然認為情節是神話的必然屬性。泰勒則相反，對他來說情節是核心：通過情節，神話呈現了世界如何被創造或其如何運轉的過程。

只有列維－施特勞斯摒棄了神話的情節，或者說神話「歷時的維度」，而在其結構、或者說「共時的維度」中找到了神話的意義。神話的情節表現為事件A引出事件B，事件B引出事件C，事件C再引出事件D；神話的結構則等同於二元矛盾的表達和化解，它表現為以下兩種情況：或是事件A與事件B構成一對對立物，並通過事件C得到調和，或是事件A與事件B所構成的對立關係，與事件C之於事件D的對立關係相類同。

每一則神話都包含了一系列的對立物組合，每一組合都由一對對立物構成；這對對立物通過這樣或那樣的方式得以化解。對立物組合之間的關係與每一組合內部元素之間的關係相對應。並非組合一引出組合二，組合二引出組合三，組合三再引出組合四；而是組合三調和了組合一與組合二之間的對立，或者組合一之於組合二的關係類同於組合三之於組合四。

神話的結構意義既是非累積性的，也是連結性

的。非累積性指的是神話包含了對它所表達的對立物的一系列化解，而不是一種單一的、漸進的化解。每三或四組對立物提供了上述兩種方式中的一種化解方法，但是作為一個整體，神話並沒有提供某種單一的方法。因此，神話的意義是循環的，而非線性的，是反復的，而非漸次的。每三或四組對立物的一個循環，就如同每組內在的三或四個元素的循環一樣，代表的不是其前身的結果，而是它的「變形」，或者說是另一種不同的表現形式。

神話的結構意義之所以是連結性的，指的是某一組對立物中任一元素的意義並不存在於其自身，而是存在於它與本組其他元素的「辯證」關係之中。同樣地，任何一組對立物的意義也不在於其自身，而在於它與其他對立物組合之間的「辯證」關係。任一元素或對立物組合本身都沒有意義，不論這種意義是字面的，還是象徵的。

就像一則神話內部各部分之間的關係一樣，它與其他神話也存在同樣的連結性和非累積性關係。一則神話的意義並不在於其自身，而在於它與其他神話之間的「辯證」關係。由這些神話構成的一組神話代表的不是其前身的結果，而是它的「變形」。最後，作為一個整體，神話之於其他人類現象(包括儀式)的關係類同於各篇神話相互之間的關係。在列維–施特勞斯獨特的神話–儀式主義觀點中，神話與儀式共同發揮作

用，但是它們是作為一對結構上的對立物來發揮作用的，而不是如同其他神話–儀式主義學者所認為的，是作為兩種相似的事物。

弗拉基米爾·普羅普、喬治·杜梅齊爾和謝和耐學派

列維–施特勞斯並不是唯一、甚至也不是最早被稱作結構主義者的神話理論家。值得一提的是，俄羅斯民俗學家弗拉基米爾·普羅普(1895–1970)和法國印歐學家喬治·杜梅齊爾(Georges Dumézil, 1898–1986)在列維–施特勞斯之前就有了這方面的獨立著述。普羅普破譯自俄羅斯民間故事的一條共同的情節線索 ── 我們在「神話與文學」一章中曾作過歸納 ── 就是他所說的結構。普羅普的結構停留在敘事層面，因此與奧托·蘭克、約瑟夫·坎貝爾和拉格倫勳爵所稱的「結構」並沒有甚麼不同；從這一點上來說，這一結構與列維–施特勞斯的結構是大相徑庭的，也正由於這一點，列維－斯特勞斯對普羅普的建樹不屑一顧。與之相反，杜梅齊爾所揭示的結構和列維–施特勞斯的一樣，都位於表層之下，但兩人之間的不同之處在於，杜梅齊爾的結構反映的是社會秩序，由三部分組成，而列維–施特勞斯的結構反映的則是心靈的秩序，並且由兩部分組成。

被證明為列維–施特勞斯式的結構主義最忠實的

追隨者的是一批法國古典主義學者 —— 不過即使是他們也對其理論作了適合自身的修訂；這批學者以路易·謝和耐[5]為靈感源泉，以讓-皮埃爾·韋爾南 (Jean-Pierre Vernant, 1914–2007)為領軍人物。列維-施特勞斯常常受到猛烈的抨擊，批評者說他將神話與其社會的、文化的、政治的、經濟的、甚至性的種種語境相割裂。在他關於阿斯迪瓦爾神話的文章中，列維-施特勞斯倒是確實對這一神話作了詳盡的種族志分析，考察並整合了地理的、經濟的、社會的、宇宙論的種種因素。然而這卻是一個孤例。韋爾南和他的同伴們 —— 特別是馬塞爾·戴田、皮埃爾·維達爾-納凱(Pierre Vidal-Naquet)和妮科爾·洛羅(Nicole Loraux) —— 將列維-施特勞斯對阿斯迪瓦爾神話的分析作為他們的樣板。作為列維-施特勞斯的後繼者，這些古典主義學者致力於解析神話中深藏的、常常是潛在的模式，但他們接下來更進一步，試圖將這些模式與廣義文化中的模式聯繫起來。

馬塞爾·戴田論阿多尼斯神話

法國古典主義學者馬塞爾·戴田(1936–)一度是列維-施特勞斯堅定的追隨者；他曾寫過一整本書來分析阿多尼斯神話，此書題為《阿多尼斯的花園》。對弗

5　路易·謝和耐(Louis Gernet, 1882–1962)是一位哲學家和社會學家。

雷澤來說，阿多尼斯不是神，而是一種非人格化的力量；對戴田來說，阿多尼斯也不是神，但卻是人。弗雷澤認為，阿多尼斯象徵了植物，而戴田則認為，植物的一種形態象徵了阿多尼斯——或者更確切地說是與阿多尼斯相類似。在弗雷澤看來，阿多尼斯和植物一樣，歲歲死而復生；而在戴田看來，阿多尼斯和與他聯繫在一起的植物一樣，迅速成長，迅速死去，其生死僅有一次。最為重要的是，弗雷澤認為，神話的意義在於其情節中——阿多尼斯的出生、少年時代、死亡和重生；戴田則認為，神話的意義在於其情節的諸種元素——人物、地點、時間和事件——的辯證關係中。

追隨列維–施特勞斯的戴田認為，這一辯證的關係存在於多種層面上：飲食的、植物的、天文的、季節的、宗教的、社會的。每一層面都存在一個處於兩極之間的中間立場。這些層面彼此類同，而並非相互起象徵作用。舉例來說，飲食層面各元素之間的關係與植物層面各元素之間的關係相類似。而飲食層面——香料為一極端，生菜和生肉為另一極端，穀類食物和熟肉則處於中間地帶——同時緊密地與其他層面相互聯繫在一起。

戴田是將香料與神、穀類食物和熟肉與人、生菜和生肉與動物相聯繫的第一人。在向諸神進獻犧牲時要焚燒香料。香味達於諸神，諸神則吸入這些香味作

為食物。由於肉類是被煮熟而不是被焚燒的，因此它為人類所食；人類同時還種植穀物。生肉則被動物食用，戴田還將生菜與動物聯繫在一起。香料之所以與諸神聯繫在一起還因為它們與太陽的關係，以及由此與希臘人想像中的地球之巔 —— 奧林匹斯山 —— 的關係。香料不僅因太陽而燃燒，而且生長在距離太陽最近的地方和時間：地球上最炎熱的地方、夏季最酷熱的日子。與之相反，生菜是冷的，因此與最寒冷的地方和時間聯繫在一起：地下世界 —— 深海與冥府 —— 和冬季。吃生肉就是將肉「冷」吃。

　　穀類食物和熟肉處於香料為一極、生菜和生肉為另一極的中間地帶。對人類而言，肉必須熟食，既不能用火直接焚燒，也不能生吃；穀類食物也是如此，它們的生長需要太陽，但是陽光又不能過於強烈：「在中間地帶，在離太陽的光焰有一定距離的地方，生長着可食用的植物……穀類與水果。」因此穀類植物既不是生長在大地之上，也不是生長在大地之下，而是生長在土壤之中。香料一般在夏季收穫，生菜大致是在冬季收穫，莊稼則在夏冬之間的秋季收穫。

　　香料之所以與諸神聯繫在一起還有其他一些原因。香料不需要怎麼培植，只要採集即可，也不需要付出甚麼勞動，因而與神的生活相切合。在相反的另一端，動物找到甚麼就吃甚麼，也不需要為自己的晚餐勞作。不同之處在於，諸神只吃他們想吃的食物，

動物則只能吃它們找到的食物。因此，諸神不必勞作就比人類吃得更好。動物同樣不事勞作，卻比人類吃得差。人類再次居於中間。他們為了口糧必須勞作，不過，只要他們勞作，就可以有足夠的食物，即使只是勉強餬口。在希臘詩人赫西奧德（Hesiod）所描繪的黃金時代中，人類生活得如同諸神一樣，正是因為他們無需勞作即可豐衣足食。而將來他們則會像動物一樣拒絕勞作，那就很可能不得不忍饑挨餓了。

香料不僅與諸神聯繫在一起，而且也與性亂行為相聯繫。戴田並沒有將性亂行為看作是諸神的特點，反而認為即使宙斯有着種種越軌的行徑，他與赫拉仍然是完美的一對：「宙斯與赫拉這一對強調了儀式的聖化作用，正是這一聖化作用使得夫婦的結合為世人所承認。」與性亂行為相關聯的並非諸神，而是香料，以及香料那芬芳的、因而誘人墮落的氣味：「它們[即香料]以油膏、香水以及其他化妝品的形式出現時，還具有激發性欲的功能。」因此，在最炎熱的夏季舉行的阿多尼亞節慶活動——這一節日因其性亂行為而臭名昭着——中隨處可見香料的存在，這就不是偶然的了。在相反的另一端，戴田將生菜與生肉，而不是動物，和不育與禁欲聯繫起來。因為血肉模糊的生肉或是腐肉——戴田不知出於甚麼原因將兩者視為等同——難聞的氣味足以驅散情欲，因而也避免了性

愛。因此，利姆諾斯島上的婦女滿身惡臭，遭到男人厭棄，同樣並非事出偶然。[6]

以性亂行為為一端，不育或禁欲為另一端，居於中間的就是婚姻；戴田指出，忒斯摩福拉節慶儀式[7]就與婚姻有關。這一節日每年在雅典舉行慶祝活動三天；儘管不准許男子參加，它實際上慶祝的卻是婚姻。參加慶祝者皆為已婚婦女。慶祝儀式的氣味居於阿多尼亞節的芳香與利姆諾斯的惡臭之間，稍微有一點難聞，目的就是要在節慶期間讓男人避而遠之。

戴田將上述所有層面與阿多尼斯的生命歷程以及為了紀念他而種植的「阿多尼斯小花園」聯繫起來。戴田提出，在任一層面上，阿多尼斯總是處於兩個極端中的一個，從不落在中間地帶。事實上，阿多尼斯總是從一個極端跳到另一個極端，繞過了中間的可能。阿多尼斯的命運代表了任何膽敢自詡為神的人類的命運：他將被貶為動物。同樣地，當他膽敢亂交時，他卻被證明是性無能者。

在作為結構主義者的戴田看來，每一層面上的兩

6　利姆諾斯是希臘愛琴海北部的一個島嶼。根據希臘神話傳說，利姆諾斯的婦女因為得罪了阿佛洛狄忒，阿佛洛狄忒便讓她們有了口臭，因此，她們的丈夫都投向色雷斯女子的懷抱。為了復仇，利姆諾斯婦女殺死了島上的每一個男子。

7　忒斯摩福拉節，又稱立法女神節，是紀念農業女神得墨忒耳和她的女兒珀耳塞福涅的節日，她們也是創立婚姻與民事法制的女神。每年10月至11月中有三到五天，希臘各地都慶祝這一節日。參加者必須是已婚婦女，她們必須保持貞潔數日，並禁食某些食物。

個極端都與阿多尼斯的生命歷程相類同，而非象徵了阿多尼斯的生命歷程。每一層面的兩個極端之於中間立場的關係就如同阿多尼斯之於常人的關係。在弗雷澤看來，神話利用人類來象徵自然的非人格化力量，而在戴田看來，神話是利用自然的非人格化力量來類比人類的行為。

在阿多尼亞節期間栽種的「阿多尼斯小花園」並不需要甚麼勞作。所種的植物很快便能發芽長出。照料它們輕鬆閒適，就如同諸神無需辛苦忙碌的生活一樣。事實上，這些「小花園」就如諸神食用的香料。對其中植物無需培育，只需採集，任它們在最炎熱的時間與地方生長。盛夏時節，人們把花盆擺在屋頂上。一般的莊稼要八個月才能成熟，這些植物卻只要八天就長成了。種莊稼非男人不可，而打理這些盆栽花草卻是女人的事。不過，與香料不同的是，這些小花園很快盛開，也很快枯萎；又與莊稼不同的是，它們枯萎卻不生產任何糧食。它們在大地之上開始，又在大地之下終結——即被拋入大海之中。一言以蔽之，「阿多尼斯小花園」是想要不勞而食的徒勞之舉。諸神可以不事生產，人類卻必須勞作。當人們不思劬勞而想要「速食」時，他們就會甚麼食物都得不到。

阿多尼斯本人是通過其母密耳拉與香料聯繫在一起的，密耳拉最終變成了一棵沒藥樹。阿多尼斯在樹中孕育，他必須破開此樹才能出生。在奧維德的故事

中，山林女神還將嬰兒泡在他母親的眼淚形成的沒藥水中沐浴。更重要的是，阿多尼斯通過性亂行為與香料聯繫在了一起。阿多尼斯的母親無法控制自己的情欲，和父親亂倫才產下阿多尼斯。而依照阿波羅多羅斯的故事版本，阿佛洛狄忒和珀耳塞福涅由於無法控制的情欲，爭搶嬰兒阿多尼斯。戴田認為，阿多尼斯本人並非是受到女神誘惑的無辜受害者，而是女神的誘惑者。

阿多尼斯是一個早熟的誘惑者。像「阿多尼斯小花園」一樣，他迅速成長；但是同樣地，和「小花園」一樣，他過早夭折。正如「小花園」枯萎得太早，因而不能生產任何果實，阿多尼斯則死得太年輕，還來不及結婚生子。他的出生始自性亂，他的結局則是不育。與之相反，他的母親開始時不育，或者至少是禁欲 —— 她輕蔑地拒絕了所有的男子 —— 最後卻墮入性亂，甚至是比性亂更甚的亂倫。母子二人都是從一個極端跳到另一個極端，拒絕、甚至威脅到了處於中間地帶的婚姻。

阿多尼斯的不育不僅表現為無子，而且表現為他柔弱的女子氣。他被野豬的獠牙戳傷致死，這說明他根本不適合從事男性的狩獵活動。他沒有成為獵手，反倒成了被獵取的對象：阿多尼斯是「赫剌克勒斯這樣的英雄戰士的絕佳對立面」，「是一個既軟弱又可憐的犧牲品」。阿多尼斯的女子氣象徵着男女兩性之

間缺乏足夠距離的狀態，而他的母親一開始拒絕所有男性則象徵着完全相反的情形。理想的情形仍然是在二者之間：男女兩性應當相互關聯，又保有各自的獨特性。

正如戴田將阿多尼斯的性亂與香料聯繫在一起一樣，他同樣也將阿多尼斯的不育和死亡與生菜聯繫在一起；在這則神話的幾個不同版本中，阿多尼斯曾試圖躲在生菜叢中避開野豬，但卻沒有成功。正如沒藥「具有激發老者性欲的力量」，生菜同樣具有「熄滅年輕戀人激情的力量」。生菜「造成了性無能，而性無能就等同於死亡」。

總而言之，阿多尼斯沒有弄清自己的位置。他不知道自己既不是神，也不是動物，而是人，而人類的一個顯著特徵就是婚姻。由於未婚而亡，他未能實現自己的人性。對戴田來說，如果這則神話的意義在於呈現一系列無盡的層面，那麼這則神話的功能則是社會性的。它主張婚姻作為一個中間立場，它的一端是性亂，另一端則是不育或禁欲。在下一章中，我將試圖論證神話提倡婚姻，並將其當作城邦的支柱。

第八章
神話與社會

馬林諾夫斯基

在泰勒和弗雷澤看來，神話關乎的完全是、或者說幾乎完全是物質現象 —— 洪水、疾病、死亡；在馬林諾夫斯基看來，神話則更多的是關乎社會現象 —— 婚姻、納稅，以及在第四章中已經討論過的儀式。神話仍然在人類和生活中的不愉快之間起到調和作用，但是現在這些不愉快不僅並非不可改變，而且能夠被完全丟棄。這裏，神話促使人們屈從接受那些不愉快 —— 或者至少可以說是那些不得已 —— 的方式同樣是對其追根溯源到久遠的過去，並由此賦予它們「傳統」這一光環所具有的力量：

> 當儀式、禮俗、社會或道德規則需要證明其合理性，需要古代的、現實的和神聖的證據時，神話就開始發揮它的作用了。（馬林諾夫斯基，《原始心理學中的神話》，第107頁）

舉例來說，神話宣稱社會階級由來已久，所以理當如此，並由此勸服外籍居民順從階級現狀。而關於英國君主政體的神話則會將這一制度描述得盡可能地古老，由此引出的結論就是，倘若損害它，就是損害了傳統。又譬如，在今天的英格蘭，人們為獵狐辯護的藉口就是，它長期以來已經成為鄉村生活的一部分。社會神話宣稱：「要這樣做，因為人們一直以來都是這樣做的。」就物質現象而言，神話的受益者是個人。就社會現象而言，神話的受益者則是社會本身。

說神話對現象追根溯源就等同於說神話對這些現象作出了解釋。由此，當馬林諾夫斯基抨擊泰勒，並且宣稱原始人「對出現在他們神話中的任何事物並不想要進行『解釋』，並不想要弄『清楚』」時，他其實是要表明，神話並非像泰勒所認為的那樣，是為了解釋而解釋。然而，神話必定依然是解釋，因為它們只有通過對各種現象作出解釋，才能發揮自己的調和功能。

馬林諾夫斯基從未清楚說明現代人是否和原始人一樣擁有神話。與原始科學相比，現代科學對物質世界的控制要強大得多，因此關於物質現象的現代神話自然就要少得多。即使沒有關於物質現象的現代神話，那麼應該還會有關於社會現象的現代神話。假如連關於社會現象的現代神話也是不存在的，那麼即是說神話的地位已經被意識形態所取代了。

喬治・索雷爾

　　關於將神話本身視作意識形態的觀點，其經典論述見於法國工聯主義者喬治・索雷爾(Georges Sorel, 1847–1922)的著述《暴力論》中。索雷爾認為，神話不僅是原始的，而且是永恆的；與馬林諾夫斯基的看法相反，他還認為，神話的作用不是支撐社會，而是顛覆它。索雷爾堅稱，建立社會主義理想的唯一道路就是革命，而革命既需要暴力，也需要神話。所謂「暴力」，他指的是強制性行動，但又不僅僅是指流血。關鍵性的「暴力」行動是全體工人的罷工。所謂「神話」，他指的是一種指導性意識形態；這一意識形態宣揚現今社會的末日就在眼前，主張與統治階級戰鬥到最後一息，樹立反叛者為英雄，宣稱勝利必將到來，並為未來社會確立一種道德標準：

　　在這一研究的過程中，有一件事始終在我的腦海中徘徊不去……那就是，參與一場偉大社會運動的人們總會將他們即將展開的行動看作一場戰鬥，而他們的事業必將在這場戰鬥中取得勝利。這些建構……我建議稱作神話；工聯主義的「總罷工」和馬克思的災難性革命就是這樣的神話。……即使在最艱辛的磨難中，天主教徒也從未喪失過信念，因為他們一直將教會的歷史看作撒旦和基督支持的主

教團的一系列戰鬥；每一個新出現的困難只不過是
這場戰爭的一個插曲，而天主教必將取得最終的勝
利。（索雷爾，《暴力論》，第41–42頁）

在索雷爾看來，克倫威爾誓將英王查理一世趕下王位
正是典型的神話。

索雷爾宣稱，暴力與神話對革命來說都是不可或
缺的，因此也就是合理的。他摒棄了一切對神話中性
的、科學的分析，包括馬克思主義的分析。他將馬克
思主義本身轉變為一種神話，因為對馬克思主義的信
奉促使其追隨者走向革命。和馬林諾夫斯基一樣，索
雷爾對神話的真實性漠不關心。對他們兩人來說，重
要的是只要人們相信神話，神話就能發揮其作用。
在索雷爾看來，神話的終極真實性——即革命的成
功——反正是不可能提前預知的。

對馬林諾夫斯基來說，神話與意識形態具有共同
之處，即它們都將對社會的服從合理化了。對索雷爾
來說，神話就是意識形態，它的作用是為人們對社會
的拒絕提供正當理由。索雷爾的理論完全無法用來分
析阿多尼斯神話。因為阿多尼斯的行動是個人的；他
不是積極的施動者，而是消極的犧牲品；並且他的行
動並不為任何意識形態所驅使。他的理論倒是顯然頗
為切合當今的恐怖主義分子；這些恐怖分子的神話為
「九一一」事件提供了正當理由，即把它看作擊敗妖

魔化的美國這一國際霸權的第一步。然而，索雷爾的理論除了為此類神話貼上「神話」的標籤之外，究竟還能對其起到多大的闡釋作用，這一點似乎並不清楚。

勒內·吉拉爾

勒內·吉拉爾對弗雷澤神話–儀式主義的看法我們在第五章已經討論過；他不僅轉變了神話與儀式之間的關係，而且還轉變了兩者的起源與功能。神話與儀式之所以產生，並非為了獲得食物，而是為了獲得和平。將替罪羊——不論他是國王還是平民——獻祭並非為了結束冬季，而是為了結束暴力。在吉拉爾看來，暴力是終極的問題，而不像索雷爾認為的那樣，是終極的解決方法。神話與儀式不是應對自然的方式，而是應對人性——人的侵略性——的方式。

在《暴力與神聖》一書中，吉拉爾和拉格倫、蘭克一樣，援引俄狄浦斯神話作為其理論的最佳例證。吉拉爾認為，俄狄浦斯作為國王治理忒拜期間絕沒有給忒拜帶來甚麼瘟疫，他其實只是一個無辜的受害者。忒拜的瘟疫或是根本就不存在，或是它絕非動亂的起因。或者瘟疫只是暴力的一個隱喻，因為暴力像傳染病一樣傳遍了社會的每一個角落。忒拜人之間的暴力行為在索福克勒斯劇中幾個主要人物的緊張關係中明顯地表現出來；這幾個人物是：俄狄浦斯、克瑞

翁和提瑞西阿斯[1]。而結束這種暴力、使社會得以維繫的唯一出路就是找一個社會弱勢群體的成員作為替罪羊。俄狄浦斯雖然是國王，但是他身帶雙重恥辱，因而雙倍地脆弱。首先，他是一個外來者：就人們所知，他並不是忒拜人；他取得王位靠的並非世襲，而是因為制服了斯芬克司。再者，他還是一個跛子，這是他出生時被刺穿了腳踝造成的。俄狄浦斯神話是在俄狄浦斯倒臺之後才編造出來的，其目的在於將罪責推到俄狄浦斯身上，為整個社會開脫：即宣稱是俄狄浦斯殺父娶母的弒親和亂倫行為給忒拜帶來了瘟疫。至少這是索福克勒斯筆下提瑞西阿斯的口中之詞：

> 假如我們從字面意義來理解提瑞西阿斯的回答，那麼他針對俄狄浦斯的那通弒父與亂倫的可怕攻擊就並非來自任何超自然的信息源[因此也就並不代表是「真理」]。對俄狄浦斯的譴責只是一種報復行為，源自兩人在一場悲劇性的激辯中唇槍舌劍、互不相讓。是俄狄浦斯無意中自己挑起了頭，因為他迫使提瑞西阿斯不得不開口。他指責提瑞西阿斯有份謀殺[俄狄浦斯的父親]拉伊俄斯；他激起了提瑞西阿斯的報復，後者掉過頭來將指控對準了俄狄浦斯。……[兩人]相互指責對方參與了拉伊俄斯的謀

1　克瑞翁是俄狄浦斯之舅，曾代俄狄浦斯之父治理忒拜，又在俄狄浦斯被逐之後登上忒拜王位。提瑞西阿斯是忒拜的一位盲人先知。

殺，是要將獻祭危機的全部責任推到對方身上；但
是我們已經看到，每一個人都要負上相等的責任，
因為每一個人都參與了對一種文化秩序的破壞。(吉
拉爾，《暴力與神聖》，第71頁)

按照吉拉爾的說法，實際結果是，在究竟誰應為社會
秩序的崩潰負責這一問題上，忒拜人不過是接受了提瑞
西阿斯和克瑞翁的觀點，而沒有接受俄狄浦斯的觀點。
是之後產生的神話才將勝利者的觀點變成了真理：

作為宗教信徒的忒拜人尋求解決他們災禍的良方；他
們的方式就是正式接受神話，使它成為對近來造成城
邦災難頻仍的一系列事件的描述無可辯駁的版本，使
它成為一種新的文化秩序的綱領——簡而言之，就是
使自己相信，他們的一切不幸都毫無例外地源於那場
瘟疫。這樣一種態度要求絕對相信某個代罪犧牲品所
犯的罪。(吉拉爾，《暴力與神聖》，第83頁)

事實上，問題的真正原因在於集體的暴力，而不在於
俄狄浦斯個人，這一點已被後來發生的事件所證明。
不錯，瘟疫是停止了，但隨之而來的卻是爭奪王位的
鬥爭，克瑞翁、俄狄浦斯的兩個兒子波呂尼刻斯和厄
特俄克勒斯都捲入其中。吉拉爾宣稱，索福克勒斯向
這一神話提出了挑戰，但同時又從未亮明其立場，因

此，包括哈里森和默里在內，理論家們一直都將他的這部劇作看作是這一神話的戲劇化版本，只有吉拉爾自己更具洞察力，看出了這部劇作是對俄狄浦斯神話的一種挑戰。

但是這一神話在《俄狄浦斯在科洛諾斯》[2]中繼續，此時它卻不再僅僅是譴責俄狄浦斯給忒拜帶來災禍，而是將他變成了一個英雄。即使是俄狄浦斯在位時，他也不乏英雄行為：他將結束臣民遭受的瘟疫視為自己義不容辭的職責，發誓要找出帶來災難的禍首，而一旦發現自己就是罪魁禍首時，他便堅持自我放逐。然而，吉拉爾認為真正的英雄並非像拉格倫所認為的那樣，是那個失去王位的、自我犧牲的俄狄浦斯，而是居於高位的俄狄浦斯。即使作為禍首，俄狄浦斯依然擁有拯救忒拜的力量：正如他的在場引發了瘟疫一樣，他的離去則結束了瘟疫。他是罪犯的同時也是一個英雄。他已經具有了神一樣的力量，既能夠帶來瘟疫，也能夠使之結束。

但是到了《俄狄浦斯在科洛諾斯》時，俄狄浦斯的形象被進一步地拔高了。在經過若干年的流放之後，俄狄浦斯來到了雅典附近的科洛諾斯。此時，忒拜國王召他返回忒拜。正如當年忒拜的福祉依賴於他

2　在索福克勒斯寫過的120多個劇本中，有兩部以俄狄浦斯神話為題材，就是《俄狄浦斯王》（約公元前431年）和《俄狄浦斯在科洛諾斯》（約公元前401年）。

的流放一樣，現在忒拜的福祉則依賴於他的回歸。俄狄浦斯拒絕了這一要求，因為我們得知，在《俄狄浦斯王》中的那些事件之後，他曾希望留在忒拜，但最終卻受制於克瑞翁等人的逼迫，不得不選擇自我放逐。於是克瑞翁準備把他抓起來並帶回忒拜。這時雅典國王忒修斯為俄狄浦斯提供了庇護。作為回報，俄狄浦斯宣佈，他死後將埋葬在雅典，而他的墓地將保護雅典免受忒拜的攻擊。簡言之，俄狄浦斯始於《俄狄浦斯王》中像神一樣的忒拜國王，終於《俄狄浦斯在科洛諾斯》中像神一樣的雅典的保護人。

阿多尼斯

古代希臘人將心理上的不成熟與政治上的不成熟聯繫在一起：阿多尼斯未能成年即意味着他沒有能夠成為一個公民。阿多尼斯與專制暴虐的政府形式十分相合，即完全不承擔任何責任、在政治上極端幼稚。他對那些母親般的女神們言聽計從又使他切合於母權制的社會。他所體驗到的都是溺愛的女性，並將這些特性投射到所有的女性身上，因此便產生了對她們毫無條件的絕對服從。

家庭在個人人格和由男性公民治理的城邦之間建立起了聯繫。希羅多德[3] 將古希臘的城邦與東方的專

3　希羅多德(生活於公元前五世紀)，古希臘歷史學家，被稱為「歷史之

制帝國加以對照，指出在城邦制度下，即使統治者也要服從法律，而東方的統治者則置身於法律之上。就家庭生活而言，這樣的對立在古希臘與東方之間同樣存在。

為了說明東方君主的暴政，希羅多德記錄了他們破壞家庭習俗的行為。薩迪斯[4]的坎道勒斯王命令他的貼身侍衛蓋吉茲在王后脫衣時秘密窺伺她。她於是強迫蓋吉茲殺死了自己的丈夫（希羅多德，1.8-13）。梭倫告訴呂底亞國王克羅伊斯[5]他所知道的最幸福的人是一個籍籍無名的雅典人，他的家庭父慈子孝，兒孫滿堂。克羅伊斯本人有兩個兒子，一個又聾又啞，另一個在獵殺野豬時 —— 就像阿多尼斯一樣 —— 被自己的朋友殺死；他的這個朋友還失手殺了自己的兄弟，因此被父親放逐（希羅多德，1.29-33）。米堤亞的阿斯提亞格斯王在外孫居魯士出生後下令將他殺死，以防止他將來篡奪自己的王位。哈爾帕戈斯沒有執行他的命令，於是阿斯提亞格斯出於報復，不僅殺死了他的兒子，還讓他食自己兒子的肉。後來，居魯士雖

父」，他所著《歷史》描述了希臘與波斯之間的戰爭，是西方第一部歷史著作。

4　古呂底亞王國的首都（公元前7世紀），在土耳其馬尼薩省境內，今伊茲密爾城附近。

5　梭倫，傳說中的雅典立法者、改革家和詩人，曾於公元前594年任執政官，是雅典民主政治的創建者。克羅伊斯是呂底亞末代國王，大約公元前560-前547年在位。

然沒有殺外祖父，但最終確實推翻了他的統治（希羅多德，1.117–119）。[6] 居魯士的兒子和繼任者，波斯的岡比西亞王娶了他的兩個姐妹，後又謀殺了其中的一個；他還謀殺了自己的兄弟。他最後陷於瘋狂，無嗣而終（希羅多德，3.31–32）。這種情況一直延續到波斯的薛西斯王[7] 統治時期，而薛西斯更是其中的登峰造極者。

希羅多德承認，希臘同樣也出現過暴君，但他認為這些暴君都是一時的例外。至於說到他們的家庭生活，科林斯的佩里安德羅斯[8] 曾殺害妻子，廢黜岳父，並將自己一個極有天份的兒子趕出家門（希羅多德，3.50.3–3.52.6）。

6　米堤亞為伊朗高原西北部一奴隸制國家，約公元前8世紀建國。阿斯提亞格斯是米堤亞國王，約公元前585–前550年在位。據希羅多德記載，阿斯提亞格斯曾得一夢，說外孫居魯士長大後會篡奪他的王位，於是他命令哈爾帕戈斯將嬰兒棄於荒野，但哈爾帕戈斯卻將嬰兒交由一牧人收養。居魯士長到10歲時，阿斯提亞格斯認出了他，出於惻隱之心，他沒有再次下手。居魯士成年後，果然起兵造反，阿斯提亞格斯派哈爾帕戈斯前去平叛，但後者卻倒戈，站在了居魯士一邊。居魯士最終推翻了外祖父的政權，成為居魯士大帝，被波斯人尊稱為「波斯之父」。

7　薛西斯一世（約公元前519–前465）是大流士一世之子。他繼任波斯國王後，曾鎮壓埃及叛亂，血洗尼羅河三角洲。後又入侵希臘，洗劫雅典，最終在薩拉米斯大海戰中慘敗。晚年在宮廷陰謀中遇害。

8　佩里安德羅斯是古希臘科林斯的僭主，約公元前628–前588年在位。據希羅多德記載，他是一個慘無人道的暴君。但是這種說法大概來自科林斯的貴族，因為他們遭到佩里安德羅斯殘酷無情的對待。事實上他是幹練的統治者，促進城市商業繁榮，保護文化藝術，被稱為「希臘七賢」之一。

雅典的庇西特拉圖[9]拒絕與他的第二任妻子發生「正常的」性關係，因為他害怕她的家族帶有的一個詛咒（希羅多德，1.61.1）。

阿多尼斯不具備成為公民的能力，因為他和那些暴君僭主一樣，不具備過正常家庭生活的能力。一方面，他沒有建立任何家庭：他從未結婚，沒有子嗣，年輕早夭。另一方面，他也沒有出生在家庭之中：他是亂倫而非婚生的孩子，他的父親試圖殺死他的母親。因此，他被雙重地摒棄在公民群體之外：他不僅缺乏成熟特質，而且也沒有門第家譜，而後者本身又是由於其母的不成熟造成的。如果說希羅多德想要表明的是創建家庭的政治必要性，那麼，亞里士多德的《雅典人憲法》則試圖表明家庭出身的政治必要性：「公民權屬於那些父母是公民的人。」

直到公元前507年克萊塞尼茲[10]將雅典公民身份的基礎從族親制改為地點制以前，胞族和族親關係都是獲得公民權的先決條件。即使在居民點取代胞族成為主要的政治單位之後，胞族關係依然十分重要。例如，儘管一個四世紀的雅典人可以是一個公民，而不屬任何胞族，但他的地位是「不自在的、成問題

9　庇西特拉圖（約公元前6世紀初–前527），古雅典僭主，於帕倫尼戰役獲勝後鞏固了其在雅典的統治，實行保護中小土地所有者及獎勵農工商業的政策。

10　克萊塞尼茲（約公元前570–前508），雅典政治家，曾擔任雅典首席執政官，是雅典民主政治的創建者。

的」。再者，居民點成員的身份本身也是繼承性的。由此，公民身份依然是一個出生的問題，正如《雅典人憲法》在說到克萊塞尼茲之後的時代時所宣稱的那樣。

希臘人不僅將不成熟與政治聯繫起來，還將它與狩獵也聯繫起來。阿多尼斯在狩獵中的不幸也象徵了他無法長大成人的不幸。他本該是獵手，卻成為了獵捕的對象。他對狩獵沒有概念，也不知道狩獵的危險。他以為這個世界是充滿母性的，或者他以為自己受到母性的女神的保護，可以避開世上的危險。維納斯曾警告他，危險的野獸對青春和美貌並無敬意，但他卻置若罔聞。

人與獵手之間的關聯變成了人與公民之間關聯的一個隱喻。皮埃爾‧維達爾－納凱（1930–2006）提出，根據《雅典人憲法》，雅典青年在成為公民之前必須服兩年的兵役，而狩獵是其中一項重要的活動。維達爾－納凱認為，這兩年是一種通過禮儀，因此它是青年男子，即青丁[11] 在他們所知的以往的生活和將來的生活之間的一個間歇。也即是說，這些青丁將在邊塞與戰友們一起度過這兩年，而不是在城市中和家人在一起。

維達爾－納凱宣稱，最重要的是，青丁所從事的狩

---

11 青丁在古希臘可指到達青春期的任何男性，在雅典則是專門術語，指必須接受兩年軍事訓練的青年男子。青丁尚無大部分公民權利。

獵活動與他們成年後成為甲兵時所從事的狩獵活動是完全相反的。作為青丁，他們在夜間的山林中單獨狩獵，其裝備不過是些網具之類，因此他們是依靠各種計謀來捕獲獵物的。而作為甲兵，他們在白天的平原上集體展開狩獵活動，其武器是長矛，因此必須依靠勇氣和技巧才能殺死獵物。青丁與甲兵的狩獵之間存在這種差別，其目的在於向青丁灌輸甲兵的價值觀。

維達爾－納凱論證青丁制度與狩獵之間的聯繫是從兩方面進行的。他首先訴諸與阿帕圖里亞節[12] 相關的神話；在阿帕圖里亞節期間，雅典的父親們將他們年滿16歲的兒子領來登記入簿，在同一時間成為公民、胞族成員和服兵役兩年的青丁。維達爾－納凱斷言，神話的主人公，雅典人梅蘭索斯，或稱「黑膚人」，就是青丁的一個反面典型：他是一個永遠也沒能成為甲兵的青丁。即使已經成人，他仍然採用詭計，而不是依靠勇氣和技巧來戰勝他的對手皮奧夏的桑索斯王（即「金膚人」）。

再者，維達爾－納凱又訴諸阿里斯托芬[13] 筆下的「黑獵手」梅蘭尼翁這一人物：

我想給你們講一個我小時候

---

12 古希臘的宗教節日。在雅典，每年10至11月舉行3天。節日期間，阿提卡地區各胞族集會，討論公共事務。

13 阿里斯托芬（公元前450?－前385?），古希臘詩人、喜劇作家，有「喜劇之父」之稱。

聽過的故事：

有一個名叫梅蘭尼翁的青年，

怎樣躲避了婚姻，在山林中獨自生活。

他帶了一隻狗，

布網設陷阱，

獵捕兔子。

他仇恨婦女，以致從不回家。

梅蘭尼翁憎惡婦女，而我們這些聰明人

在憎惡婦女方面，一點也不比他差。

（阿里斯托芬，《呂西斯忒拉忒》，第781–796行）

　　梅蘭尼翁與青丁制度之間的關聯有兩方面，一是梅蘭尼翁同樣是一個黑膚的人物，他與雅典人梅蘭索斯一樣，讓人聯想到一切有關黑暗的事物；二是梅蘭尼翁是一個從未結婚的青丁般的獵手。

　　假若我們從梅蘭索斯是一個戰士推斷他也是一個獵手的話，那麼他和梅蘭尼翁一樣，在狩獵方面所取得的成功只達到了青少年的程度。不過，阿多尼斯比這兩人還要糟糕：他在狩獵方面沒有取得任何形式的成功。因此，梅蘭索斯和梅蘭尼翁只是未能成年的青少年，而阿多尼斯與他們兩人不同，他是個甚至未能進入少年期的嬰兒。他距離獵手的水平之遠象徵着他距離公民的水平之遠。阿多尼斯神話宣揚的是公民身份的重要性，只不過它是通過一個觸目驚心的反例來

實現其目的的。

結語：神話研究的未來

倘若我們依據泰勒和弗雷澤的理論加以概括，我們可以說，19世紀的神話理論完全是關於物質世界的。神話被認為是宗教的一部分，宗教被認為是科學的原始對應物，而科學則被認為是完全現代的。到了20世紀，人們摒棄了泰勒和弗雷澤的理論，原因正是因為它們將神話與科學置於相互敵對的立場，因而排除了傳統神話；又因為它們將神話歸於宗教之下，因而排除了世俗神話；還因為它們認定神話的主題是物質世界，神話的功能是解釋性的，神話是虛假的。

20世紀批駁泰勒與弗雷澤神話理論的核心在於否定其科學產生之後神話必然消亡的觀點。20世紀神話理論在科學面前以反抗的姿態尋求保存神話的途徑。然而，它們的做法並非是挑戰科學在解釋物質世界方面的權威地位。它們沒有走任何捷徑，亦即將科學「相對化」、「社會學化」或「神話化」。相反，它們重新界定了神話。這就產生了以下觀點：一種認為，神話依然是關於世界的，但卻不是一種解釋，因此它的功能與科學的功能相異(馬林諾夫斯基、伊利

亞德）；另一種則認為，神話應從象徵意義上加以解讀，它甚至不是關於物質世界的(布爾特曼、約納斯、加繆)；還有一種是這兩種觀點的結合(弗洛伊德、蘭克、榮格、坎貝爾)。在20世紀，神話與科學的和解是通過對神話自身、而非對科學的重新界定來實現的。只是到了20世紀末，隨着後現代主義的興起，神話遵從科學的情形才遭到質疑。

既然20世紀的神話理論並沒有對科學至高無上的地位提出挑戰，那麼何必勞神費力地去協調神話與科學的關係呢？為何不直接接受19世紀的觀點，乾脆摒除神話，獨尊科學呢？20世紀神話理論給出的答案是，倘若將神話僅僅限制在對物質事件的字面解釋(泰勒)或象徵描述(弗雷澤)上，就無法對神話擁有的一系列其他功能和意義作出說明。表明神話具有這些其他功能與意義的明顯證據就是，神話至今依然存續。如果泰勒和弗雷澤是對的，那麼神話早就已經消亡了。

D.W. 溫尼科特

到了21世紀，神話研究的問題在於，在不輕易損害科學之權威的前提下，神話還能不能再被帶回到外部世界中呢？作為實現這一可能的一種方式，我建議將英國兒童精神病醫生和精神分析學家D.W. 溫尼科特(D.W. Winnicott, 1896–1971)關於兒童遊戲的分析運用

到神話研究中。

溫尼科特提出，遊戲被接受為是不真實的：孩子們承認自己就是在玩耍嬉戲。遊戲賦予了自身這樣的權利，即它可以將一把湯匙當作一列火車，而父母則不被允許就這把湯匙是否真是火車提出疑問。可是遊戲一旦結束，湯匙仍然還是湯匙。然而，遊戲並非僅僅是幻想或逃避現實這麼簡單。它在建構具有個人意義的某種真實。它從日常世界中抽取出某物——一把湯匙，又將它轉變為另外的某物——一列火車。

溫尼科特認為，遊戲也延伸到成人的領域；他不脫典型英國人的方式，提出了園藝和烹飪兩項，在這兩個領域中，人們都利用外部世界的元素創造出了一個具有個人意義的世界。溫尼科特還提出了藝術與宗教，在這兩個領域中，人們都建構了一個具有更加深刻意義的世界：

> 這裏我們且認為，接受現實的任務是從來不能完成的，沒有人能夠徹底擺脫確立內在真實與外在真實之間聯繫的重負的束縛，而緩解這一重負是通過一種居間領域的、不受挑戰的體驗（藝術、宗教等）來實現的。這一居間領域與「迷失」在遊戲中的小孩子的遊戲領域有着直接的承繼關係。（溫尼科特，《過渡性客體與現象》，第13頁）

用溫尼科特的話來說就是，遊戲是「過渡性」活動。它提供了一個從兒童時期向成年時期的過渡，從內在的幻想世界向外部的現實的過渡，以及從已知的外部世界向未知的外部世界的過渡。兒童會緊緊抓住一件物質客體不放——譬如說一隻玩具熊，以便創造一個安全的世界，並使他能夠懷有信心地去探索外部世界；與此類似，成人則依戀於一種內化的客體——譬如說嗜好、興趣、價值，或者（我提出再加上）神話，這使他能夠面對一個更加廣大的世界。孩子明知玩具熊不是媽媽，但是仍然對它緊抓不放，就好像它是媽媽一樣，成人則明知神話不是現實，但仍然執着於它，彷彿它就是真的一樣。神話是「假信為真」。

毫無疑問，並非所有的神話都被看作是一種「假信為真」。有些神話可能被看作是無可爭議的真理——例如關於即將來臨的世界末日的神話。還有一些神話從這兩方面看都是成立的，譬如，關於社會進步的信念、意識形態、諸如馬克思主義的世界觀等等。在被看作是「假信為真」時，這類神話的作用是作為這個世界的指導原則，而不是對這個世界的描述。

假如我們大膽地將一個單純的信念也視為一則神話的話，那麼，「一夜暴富」神話也可以歸於此類。當然，這一信念可以被視作是必然的教條，因為具有諷刺意味的是，它在全世界和在美國一樣廣為流傳，並且一旦未能實現，還會導致挫折感和反責。不過，

這則神話也可以被看作是「假信為真」——並非說它是對美國生活的虛假描述，而是說它是理想中的美國生活。這裏，美國被看作好像是一個充滿機會的天堂。當今這一神話的典型是安東尼·羅賓斯[1]，他是成功這一理念的完美推銷員。他的神話是一個故事，一個關於他自己從潦倒的失敗者變為富有的勝利者的故事。按照羅賓斯的看法，許多人未能成功的原因在哪裏呢？是因為他們沒有努力。

誠然，羅賓斯的神話仍然是關於社會的，而不是關於物質世界的。那麼更好的例子或許是那些具有神一般力量的人——即名人——的生平故事。正是他們領導了一場又一場的運動，不僅要消滅貧窮、種族主義和其他社會毒瘤，而且還要結束環境污染、抑制全球變暖的趨勢、拯救瀕危物種。他們能做成的事許多國家、甚至聯合國都無法做成。

這類名人中最耀眼的是那些好萊塢明星們。如同荷馬史詩、甚至希伯來《聖經》中民眾關於神的概念一樣，人們極少能看到這些好萊塢明星本人，而當他們出現在銀幕上時，他們身形龐然，無所不能，千變萬化，並且通過電影永生不滅。他們的品格被放大為

---

1   安東尼·羅賓斯(Anthony Robbins 1960–)是美國自助書作家和職業演說家。他強調每一個人都有內在成功的潛能，並據此寫出挖掘人內在各種積極因素的暢銷書，還為許多重要人物提供諮詢，從而從窮困潦倒暴發為億萬富翁。

超乎凡人：不僅是勇敢，而且是無所畏懼；不僅是仁慈，而且是聖潔至善；不僅具有力量，而且無所不能；不僅具有智慧，而且無所不知。有人可能會反對說，諸神在私下裏和公眾場合都是神，而電影明星卻只在銀幕上才是明星，離開了銀幕他們就是凡人。然而大多數影迷卻不作這種區分。他們認為，銀幕上出現的品格也就是銀幕之外的品格。事實上，他們認定電影明星們就是在銀幕上扮演自己，即他們只不過是把置身此類環境時自己會怎麼做給「表演」出來。當得知在「現實生活」中他們喜愛的演員達不到他們所扮演角色的高度時 —— 拿身高並不突出的梅爾·吉布森來說，他是確確實實地達不到銀幕上所見的「高度」 —— 他們就會大失所望。羅拔·米湛[2]不得不告訴影迷們別指望從他那裏得到甚麼軍事策略；葛麗泰·嘉寶不得不選擇隱居，以維持自己青春永駐的形象；好萊塢的同性戀影星們不敢公開自己的同性戀身份，唯恐沒人再找他們飾演異性戀角色。湯姆·克魯斯從職業的角度考慮，不能不對那些稱他為同性戀的人提起訴訟。

可能有人會說，諸神是自然出生的，影星則是被創造出來的。並且盡人皆知，成為一個影星是多麼機

2　羅拔·米湛(1917–1997)，美國電影演員，以扮演「黑色電影」角色聞名。1945年，他出演電影《美國大兵》(*The Story of G.I. Joe*)，並在這之後不久應徵入伍。他憑此片獲得了奧斯卡最佳男配角提名。

緣巧合的事情。可是大多數影迷都相信影星是天生的，而不是創造出來的。當拉娜・特納[3]在好萊塢大道的斯瓦布雜貨店天真爛漫地喝着奶昔時，她只是被星探發現了，而不是被創造了。

也可能有人會說，影星們並不像諸神那樣能夠隨心所欲，無所不為。可是大多數影迷卻相信，影星們不受那些我們常人必須遵從的法律的束縛。因此，當他們心中的偶像因諸種罪名 —— 譬如吸毒（羅拔唐尼）、商店行竊（雲露娜維達）、甚至猥褻兒童（米高積遜）—— 被拘捕時，他們就會感到極度震驚。

說當代影星的類型更加寬泛，並且他們既是英雄，也是反英雄，這已經是陳詞濫調了。但是最具票房價值的男女明星依然是那些看上去與他們在銀幕上的角色相稱的影星；而且令他們在銀幕上傾倒眾生的，是他們的相貌，而不是他們的演技。

用來形容影迷們崇拜之情的詞語就說明了一切：影星們被視為「偶像」，受到影迷們的「膜拜」。他們中的最偉大者被稱作銀幕之「神」。作為「明星」，他們於眾人不可企及之處熠熠生輝。影迷們則「如中魔咒」。

反對我將電影明星看作現代諸神的人可能會合情

3　拉娜・特納（1921–1995），美國著名電影女演員，以美艷性感著稱。她的私生活同樣是人們津津樂道的話題。據傳她在一家雜貨店買飲料時被星探發現。真實細節雖非完全一致，也相差不遠。

合理地反駁說，現在已經沒人相信影星的這些光環了。沒人再相信好萊塢影星同你我有甚麼不同。他們可能收入更豐，但是他們會像我們大家一樣，需要面對生活的種種困難和磨練。還有甚麼比「未經授權的」影星傳記——讓明星走下神壇、回歸現實的傳記——更好賣的呢？且不說其他，銀幕上周旋於無數女子之間的硬漢化身洛克·遜[4]和銀幕下被愛滋病折磨得奄奄一息的洛克·遜所顯現出的巨大反差(說「反差」還是輕了)，已經足以令世人認識到銀幕上的人格與銀幕下的現實之間的涇渭分明。

然而，頑固不化地對當代影迷持有這種看法是過於天真的。影迷們仍然在「偶像化」和「膜拜」影星，對於影星們的缺陷，他們不是無知，而是無視。他們對影星們的這些缺陷要麼一概否認，要麼大打折扣。這並不是說影迷們不知道這些缺陷，而是他們不想知道，或者並不在乎。然而，他們對影星們的忠誠並不是盲目的，而是有意為之的。按照溫尼科特的理論，這是一種「假信為真」，而不是輕信。它要求掃除擋道的相反證據。

去影院觀影助長了對影星的神化。影院阻隔了外部世界，而以它自己的世界取而代之。電影越是具有

4　洛克·遜(1925–1985)，美國最著名的男影星之一，20世紀50至60年代出演了為數眾多的浪漫影片，代表了經典的柔情硬漢形象。他於80年代公開了自己的同性戀者身份，後罹患愛滋病去世。

感染力，觀眾就越是忘記自己身在何處，而是想像他們就生活在銀幕上的時空中。在眾所周知的「真實世界」中從來不會發生的事在電影中則得到允許。在電影中，就有如在天堂一樣，一切皆有可能。人們常說的口頭禪「只會在電影中發生」就是一個明證。去電影院就是要懸置懷疑，就是要同意「一起遊戲」。觀影的最終報償就是與演員相遇，即使他們只是出現在銀幕上。去電影院就像是去教堂 —— 去一個與現實世界相對比的、自成一體的地方，在那裏上帝最有可能被找到。去電影院將神話與儀式結合了起來，並且將諸神，因此也將神話，帶回到世界中 —— 而在這樣做的時候，又沒有摒棄科學。

參考與推薦閱讀書目 (2015)

Introduction

On the antiquity of theories of myth, see Richard Chase, *Quest for Myth* (Baton Rouge: Louisiana State University Press, 1949), chapter 1; Jan de Vries, *Forschungsgeschichte der Mythologie* (Freiburg: Alber, 1961), chapter 1.

On parallels between earlier theories and social scientific ones, see Burton Feldman and Robert D. Richardson, *The Rise of Modern Mythology, 1680–1860* (Bloomington: Indiana University Press, 1972), pp. xxii–xxiii.

For a standard folkloristic classification of stories, see William Bascom, 'The Forms of Folklore: Prose Narratives', *Journal of American Folklore*, 78 (1965): 3–20. On the blurriness of these distinctions, see Stith Thompson, *The Folktale* (Berkeley: University of California Press, 1977 [1946]), p. 303.

William D. Rubinstein, *The Myth of Rescue: Why the Democracies Could Not Have Saved More Jews from the Nazis* (London and New York: Routledge, 1987).

Wilfrid Sellars, 'Empiricism and the Philosophy of Mind.' In Herbert Feigl and Michael Scriven, eds., *Minnesota Studies in the Philosophy of Science*, vol. I (Minneapolis: University of Minnesota Press, 1956), 253–329.

Apollodorus, *Gods and Heroes of the Greeks: The 'Library' of Apollodorus*, tr. *Michael Simpson* (Amherst: University of Massachusetts Press, 1976); Ovid, *Metamorphoses*, tr. Rolfe Humphries (Bloomington: Indiana University Press, 1955).

For scepticism over the universality of theories, see Stith Thompson, 'Myths and Folktales', *Journal of American Folklore*, 68 (1955): 482–8; G. S. Kirk, *Myth* (Berkeley: University of California Press, 1970), p. 7.

Chapter 1: Myth and science

On the history of creationism, see Ronald L. Numbers, *The Creationists*, expanded edn. (Cambridge, MA: Harvard University Press, 2006 [1st edn. 1992]).

On scientific reinterpretation of the Noah myth, see, for example, William Ryan and Walter Pitman, *Noah's Flood* (London: Simon and Schuster, 1999). On the array of interpretations of flood stories worldwide, see Alan Dundes, ed., *The Flood Myth* (Berkeley: University of California Press, 1988).

In the passage on the plagues of Egypt, the reference is to Herbert G. May and Bruce M. Metzger, eds., *The New Oxford Annotated Bible with the Apocrypha*, Revised Standard Version (New York: Oxford University Press, 1977 [1962]). Quotations are taken from p. 75.

For a comparable attempt to 'naturalize' myth from outside of the Bible, see Samuel Noah Kramer, *Sumerian Mythology*, rev. edn. (New York: Harper & Row, 1961 [1st edn. 1944]).

The classic attempt not to replace but to reconcile a theological account of the plagues with a scientific account is that of the Jewish existentialist philosopher Martin Buber, for whom the believer, on the basis of faith, attributes to divine intervention what the believer acknowledges can be fully accounted for scientifically. See Buber, *Moses* (New York: Harper Torchbooks, 1958 [1946]), especially pp. 60–8, 74–9. Buber is the Jewish counterpart to Rudolf Bultmann, considered in Chapter 2.

The classic work on finding science in myth is Giorgio de Santillana and Hertha von Dechend, *Hamlet's Mill* (Boston: Gambit, 1969).

The work cited is Andrew Dixon White, *A History of the Warfare of Science with Theology in Christendom* (1896), abridged by Bruce Mazlish (New York: Free Press, 1965). For a balanced corrective, see John Hedley Brooke, *Science and Religion* (Cambridge: Cambridge University Press, 1991).

The classic work by E. B. Tylor is *Primitive Culture*, 2 vols, 1st edn. (London: Murray, 1871). Citations are from the reprint of the 5th (1913) edition (New York: Harper Torchbooks, 1958). The work by Stephen Jay Gould quoted is *Rocks of Ages* (London: Vintage, 2002 [1999]).

For a refreshingly sensible postmodern approach to myth, see Laurence Coupe, *Myth*, 2nd edn. (London and New York: Routledge, 2009 [1st edn. 1997]).

For a modern Tylorian perspective, see David Bidney, *Theoretical Anthropology*, 2nd edn. (New York: Schocken, 1967 [1st edn. 1953]), chapter 10; 'Myth, Symbolism, and Truth', *Journal of American Folklore*, 68 (1955): 379–92.

On the term 'euhemerist', see Joseph Fontenrose, *The Ritual Theory of Myth* (Berkeley: University of California Press, 1966), pp. 20–3. Friedrich Max Müller, 'Comparative Mythology' (1856), in his *Chips from a German Workshop* (London: Longmans, Green, 1867), pp. 1–141.

A theologian who assumes that Genesis 1 is anything but an account of creation is Langdon Gilkey. See his *Maker of Heaven and Earth* (Lanham, MD: University Press of America, 1985 [1959]), especially pp. 25–9, 148–55.

J. G. Frazer, *The Golden Bough*, 1st edn., 2 vols (London: Macmillan, 1890); 2nd edn., 3 vols (London: Macmillan, 1900); 3rd edn., 12 vols (London: Macmillan, 1911–15); one-vol. abridgment (London: Macmillan, 1922).

Lucien Lévy-Bruhl, *How Natives Think*, tr. Lilian A. Clare (New York: Washington Square Press, 1966 [1926]).

Bronislaw Malinowski, 'Magic, Science and Religion' (1925) and 'Myth in Primitive Psychology' (1926), in his *Magic, Science and Religion and Other Essays*, ed. Robert Redfield (Garden City, NY: Doubleday Anchor Books, 1954 [1948]), pp. 17–92 and 93–148.

Claude Lévi-Strauss, *The Savage Mind*, tr. not given (Chicago: University of Chicago Press, 1966); *Myth and Meaning* (Toronto: University of Toronto Press, 1978); André Akoun et al., 'A Conversation with Claude Lévi-Strauss', *Psychology Today*, 5 (May 1972): 36–9, 74–82.

Karl Popper, *Conjectures and Refutations*, 5th edn. (London: Routledge & Kegan Paul, 1974 [1st edn. 1962]); *The World of Parmenides*, eds. Arne F. Peterson and Jorgen Mejer (London: Routledge, 1998); *The Myth of the Framework*, ed. M. A. Notturno (London and New York: Routledge, 1994).

F. M. Cornford, *From Religion to Philosophy* (London: Arnold, 1912); *Principium Sapientiae*, ed. W. K. C. Guthrie (Cambridge: Cambridge University Press, 1952), chapters 1–11.

Chapter 2: Myth and philosophy

Paul Radin, *Primitive Man as Philosopher*, 2nd edn. (New York: Dover, 1957 [1st edn. 1927]); *The World of Primitive Man* (New York: Dutton, 1971), chapter 3.

Ernst Cassirer, *The Philosophy of Symbolic Forms*, tr. Ralph Manheim, II (New Haven, CT: Yale University Press, 1955).

The fullest application to philosophy of Lévy-Bruhl and Cassirer is to be found in Henri Frankfort, H. A. Frankfort, John A. Wilson, Thorkild Jacobsen, and William A. Irwin, *The Intellectual Adventure of Ancient Man: An Essay on Speculative Thought in the Ancient Near East* (Chicago: University of Chicago Press, 1946 [reprinted Phoenix Books, 1997]); paperback retitled *Before Philosophy: The Intellectual Adventure of Ancient Man: An Essay on Speculative Thought in the Ancient Near East* (Harmondsworth: Pelican Books, 1949).

Rudolf Bultmann, 'New Testament and Mythology' (1941), in *Kerygma and Myth*, ed. Hans-Werner Bartsch, tr. Reginald H. Fuller, I (London: SPCK, 1953), pp. 1–44; *Jesus Christ and Mythology* (New York: Scribner's, 1958); Hans Jonas, *Gnosis und spätantiker Geist*, 2 vols, 1st edn. (Göttingen: Vandenhoeck und Ruprecht, 1934 [vol. I] and 1954 [vol. II, part 1]); *The Gnostic Religion*, 2nd edn. (Boston: Beacon Press, 1963 [1958]), Epilogue.

For the myth of Sisyphus, see *Albert Camus, The Myth of Sisyphus and Other*

Essays, tr. Justin O'Brien (New York: Vintage Books, 1960 [1955]), pp. 88–91; Homer, *The Odyssey*, tr. Richmond Lattimore (New York: Harper Torchbooks, 1968 [1965]), p. 183.

Chapter 3: Myth and religion

Bultmann, 'New Testament and Mythology' and *Jesus Christ and Mythology*.

For Jaspers' debate with Bultmann, see Karl Jaspers and Rudolf Bultmann, *Myth and Christianity*, tr. Norman Guterman (New York: Noonday Press, 1958).

Jonas, *The Gnostic Religion*.

Jonas is not the only philosopher to 'update' Gnosticism. The political philosopher Eric Voegelin seeks to show how modern movements like positivism, Marxism, Communism, Fascism, and psychoanalysis evince what he calls 'the Gnostic attitude'. See his *Science, Politics and Gnosticism* (Chicago: Regnery Gateway Editions, 1968) and *The New Science of Politics* (Chicago: University of Chicago Press, 1952).

On Norman Schwarzkopf, see Jack Anderson and Dale Van Atta, *Stormin' Norman: An American Hero* (New York: Zebra Books, 1971).

Mircea Eliade, *Myth and Reality*, tr. Willard R. Trask (New York: Harper Torchbooks, 1968 [1963]); *The Sacred and the Profane*, tr. Willard R. Trask (New York: Harvest Books, 1968 [1959]).

On John F. Kennedy, Jr, see, for example, Wendy Leigh, *Prince Charming* (New York: New American Library, 2000); Christopher Anderson, *The Day John Died* (New York: William Morrow, 2000); Richard Blow, *American Son* (New York: Henry Holt, 2002).

On George Washington, see Barry Schwartz, *George Washington* (New York: Free Press; London: Collier Macmillan, 1987); Mason Weems, *The Life of Washington*, 9th edn., ed. Peter S. Onuf (Armonk, NY: Sharpe, 1996 [1st edn. 1800; 9th edn. 1809]), pp. 9–10.

Chapter 4: Myth and ritual

William Robertson Smith, *Lectures on the Religion of the Semites*, First Series, 1st edn. (Edinburgh: Black, 1889), Lecture 1.

Tylor, *Primitive Culture*, 5th edn., II, chapter 18.

Frazer, *The Golden Bough*, abridged edn., especially chapters 29–33 (first myth-ritualist scenario); 6–8, 24 (second myth-ritualist scenario).

Jane Ellen Harrison, *Themis*, 1st edn. (Cambridge: Cambridge University Press, 1912); *Alpha and Omega* (London: Sidgwick & Jackson, 1915), chapter 6; *Epilegomena to the Study of Greek Religion* (Cambridge: Cambridge University Press, 1921); on myth and art, *Ancient Art and Ritual* (New York: Holt; London: Williams and Norgate, 1913).

S. H. Hooke, 'The Myth and Ritual Pattern of the Ancient East', in *Myth and Ritual*, ed. Hooke (London: Oxford University Press, 1933), chapter 1; *Introduction to The Labyrinth*, ed. Hooke (London: SPCK; New York: Macmillan, 1935), pp. v–x; *The Origins of Early Semitic Ritual* (London: Oxford University Press, 1938); 'Myth and Ritual: Past and Present', in *Myth, Ritual, and Kingship*, ed. Hooke (Oxford: Clarendon Press, 1958), chapter 1.

Gregory Nagy, 'Can Myth Be Saved?', in *Myth*, eds. Gregory Schrempp and William Hansen (Bloomington: Indiana University Press, 2002), chapter 15. See also Edmund Leach, *Political Systems of Highland Burma* (Boston: Beacon, 1965 [1954]); 'Ritualization in Man', *Philosophical Transactions of the Royal Society*, Series B, no. 772, vol. 251 (1966): 403–8.

Gilbert Murray, 'Excursis on the Ritual Forms Preserved in Greek Tragedy', in Harrison, *Themis*, pp. 341–63; *Euripides and His Age*, 1st edn. (New York: Holt; London: Williams and Norgate, 1913), pp. 60–8; *Aeschylus* (Oxford: Clarendon Press, 1940); 'Dis Geniti', Journal of Hellenic Studies, 71 (1951): 120–8; on myth and literature, 'Hamlet and Orestes: A Study in Traditional Types', *Proceedings of the British Academy*, 6 (1913–14): 389–412.

F. M. Cornford, 'The Origin of the Olympic Games', in Harrison, *Themis*, chapter 7; *The Origin of Attic Comedy* (London: Arnold, 1914); 'A Ritual Basis for Hesiod's Theogony' (1941), in his *The Unwritten Philosophy and Other Essays*, ed. W. K. C. Guthrie (Cambridge: Cambridge University Press, 1950), pp. 95–116; *Principium Sapientiae*, ed. W. K. C. Guthrie (Cambridge: Cambridge University Press, 1952), pp. 191–256.

A. B. Cook, *Zeus*, 3 vols in 5 (Cambridge: Cambridge University Press, 1914–40).

Ivan Engnell, *Studies in Divine Kingship in the Ancient Near East*, 1st edn. (Uppsala: Almqvist & Wiksells, 1943); *A Rigid Scrutiny*, ed. and tr. John T. Willis (Nashville: Vanderbilt University Press, 1969) (retitled Critical Essays on the Old Testament [London: SPCK, 1970]).

Aubrey R. Johnson, 'The Role of the King in the Jerusalem Cults', in *The Labyrinth*, ed. Hooke, pp. 73–111; 'Hebrew Conceptions of Kingship', in *Myth, Ritual, and Kingship*, ed. Hooke, pp. 204–35; *Sacral Kingship in Ancient Israel*, 1st edn. (Cardiff: University of Wales Press, 1955).

Sigmund Mowinckel, *The Psalms in Israel's Worship*, tr. D. R. Ap-Thomas, 2 vols (New York: Abingdon, 1962); *He That Cometh*, tr. G. W. Anderson (Nashville: Abingdon, 1954), chapter 3.

Malinowski, 'Myth in Primitive Psychology'; 'Magic, Science and Religion', especially pp. 83–4; 'The Role of Myth in Life', *Psyche*, 6 (1926): 29–39;

Malinowski and the Work of Myth, ed. Ivan Strenski (Princeton, NJ: Princeton University Press, 1992).

Eliade, *The Sacred and the Profane*, chapter 2; Myth and Reality.

Applications of the theory of myth to literature: Jessie L. Weston, *From Ritual to Romance* (Cambridge: Cambridge University Press, 1920); E. M. Butler, *The Myth of the Magus* (Cambridge: Cambridge University Press; New York: Macmillan, 1948); C. L. Barber, *Shakespeare's Festive Comedy* (Princeton, NJ: Princeton University Press, 1959); Herbert Weisinger, *Tragedy and the Paradox of the Fortunate Fall* (London: Routledge & Kegan Paul; East Lansing: Michigan State College Press, 1953); Francis Fergusson, *The Idea of a Theater* (Princeton, NJ: Princeton University Press, 1949); Lord Raglan, 'Myth and Ritual', *Journal of American Folklore*, 68 (1955): 454–61; Northrop Frye, *Anatomy of Criticism* (Princeton, NJ: Princeton University Press, 1957), pp. 131–239; Stanley Edgar Hyman, 'Myth, Ritual, and Nonsense', *Kenyon Review*, 11 (1949): 455–75.

René Girard, *Violence and the Sacred*, tr. Patrick Gregory (London: Athlone Press; Baltimore: Johns Hopkins University Press, 1977); 'To Double Business Bound' (London: Athlone Press; Baltimore: Johns Hopkins University Press, 1978); *The Scapegoat*, tr. Yvonne Freccero (London: Athlone Press; Baltimore: Johns Hopkins University Press, 1986); *Things Hidden since the Foundation of the World*, trs. Stephen Bann and Michael Metteer (London: Athlone Press; Stanford, CA: Stanford University Press, 1987); *Job, the Victim of his People*, tr. Yvonne Freccero (London: Athlone Press; Stanford, CA: Stanford University Press, 1987); 'Generative Scapegoating', in *Violent Origins*, ed. Robert G. Hamerton-Kelly (Stanford, CA: Stanford University Press, 1987), pp. 73–105.

Against Frazer, see Girard, *Violence and the Sacred*, pp. 28–30, 96, 121–3, 316–18; The Scapegoat, p. 120.

Clyde Kluckhohn, 'Myths and Rituals: A General Theory', *Harvard Theological Review*, 35 (1942): 45–79.

Walter Burkert, *Structure and History in Greek Mythology and Ritual* (Berkeley: University of California Press, 1979), especially pp. 56–8, 99–101; *Homo Necans*, tr. Peter Bing (Berkeley: University of California Press, 1983), especially pp. 29–34; *Ancient Mystery Cults* (Cambridge, MA: Harvard University Press, 1987), pp. 73–8; 'The Problem of Ritual Killing', in *Violent Origins*, ed. Hamerton-Kelly, pp. 149–76; *Creation of the Sacred* (Cambridge, MA: Harvard University Press, 1996), chapters 2–3.

Chapter 5: Myth and literature

On the preservation of classical mythology, see, for example, Douglas Bush,

Mythology and the Renaissance Tradition in English Poetry (Minneapolis: University of Minnesota Press, 1932); *Mythology and the Romantic Tradition in English Poetry* (Cambridge, MA: Harvard University Press, 1937); Gilbert Highet, *The Classical Tradition* (New York: Oxford University Press, 1939): Jean Seznec, *The Survival of the Pagan Gods* (New York: Pantheon Books, 1953 [1940]). For a useful sourcebook on three classical myths, see Geoffrey Miles, ed., *Classical Mythology in English Literature* (London: Routledge, 1999).

On the influence of Frazer, Freud, and Jung on modern literature, see Lionel Trilling, 'On the Teaching of Modern Literature' (1961), reprinted in Trilling, *Beyond Culture* (New York: Viking Press, 1968), pp. 3–30; Lilian Feder, *Ancient Myth in Modern Poetry* (Princeton, NJ: Princeton University Press, 1971); John B. Vickery, *The Literary Impact of 'The Golden Bough'* (Princeton, NJ: Princeton University Press, 1971).

Jessie L. Weston, *From Ritual to Romance.*

Francis Fergusson, The Idea of a Theater; ' "Myth" and the Literary Scruple', *Sewanee Review*, 64 (1956): 171–85.

Northrop Frye, 'The Archetypes of Literature' (1951) and 'Myth, Fiction, and Displacement' (1961), in his *Fables of Identity* (New York: Harcourt, Brace, 1963), pp. 7–20 and 21–38; *Anatomy of Criticism* (Princeton, NJ: Princeton University Press, 1957), pp. 131–239; 'Literature and Myth', in *Relations of Literary Study*, ed. James Thorpe (New York: Modern Language Association, 1967), pp. 27–55; 'Symbolism of the Unconscious' (1959) and 'Forming Fours' (1954), in *Northrop Frye on Culture and Literature*, ed. Robert D. Denham (Chicago: University of Chicago Press, 1978), pp. 84–94 and 117–29; 'Myth', Antaeus 43 (1981): 64–84.

See, as classical Jungians, Maud Bodkin, *Archetypal Patterns in Literature* (London: Oxford University Press, 1934); Bettina L. Knapp, *A Jungian Approach to Literature* (Carbondale: Southern Illinois University Press, 1984).

See, as archetypal psychologists, James Hillman, *Re-Visioning Psychology* (New York: Harper & Row, 1975); David L. Miller, *The New Polytheism* (Dallas: Spring Publications, 1981).

Girard, *Violence and the Sacred.*

On the terms plot, text, story, and narrative, see Shlomith Rimmon-Kenan, *Narrative Fiction*, 2nd edn. (London and New York: Routledge, 2002 [1st edn. 1983]); Paul Cobley, *Narrative* (London and New York: Routledge, 2001).

Kenneth Burke, *The Rhetoric of Religion* (Boston: Beacon Press, 1961); *A Grammar of Motives* (New York: Prentice-Hall, 1945), pp. 430–40; 'Myth,

Poetry and Philosophy', *Journal of American Folklore*, 73 (1960): pp. 283–306.

Hans Blumenberg, *Work on Myth*, tr. Robert M. Wallace. (Cambridge, MA: MIT Press, 1985 [1979 in German]).

Tylor, *Primitive Culture*, 5th edn., I, pp. 281–2. Hero myths are a surprising category for someone for whom all myths are seemingly about physical events.

Johann Georg von Hahn, *Sagwissenschaftliche Studien* (Jena: Mauke, 1876), p. 340; tr. Henry Wilson in John C. Dunlop, *History of Prose Fiction*, rev. Wilson (London: Bell, 1888), in an unnumbered attachment to the last page of vol. I.

Vladimir Propp, *Morphology of the Folktale*, tr. Laurence Scott, 2nd edn., rev. and ed. Louis A. Wagner (Austin: University of Texas Press, 1968 [1958]).

Otto Rank, *The Myth of the Birth of the Hero*, 1st edn., trs. F. Robbins and Smith Ely Jelliffe (New York: Journal of Nervous and Mental Disease Publishing, 1914); 2nd edn., trs. Gregory C. Richter and E. James Lieberman (Baltimore: Johns Hopkins University Press, 2004).

Joseph Campbell, *The Hero with a Thousand Faces*, 1st edn. (New York: Pantheon Books, 1949).

Lord Raglan, *The Hero* (London: Methuen, 1936). Citations are from the reprint of Part 2, which is on myth, in Otto Rank et al., *In Quest of the Hero* (Princeton, NJ: Princeton University Press, 1990), pp. 89–175.

Chapter 6: Myth and psychology

Sigmund Freud, *The Interpretation of Dreams*, vols IV–V, *Standard Edition of the Complete Psychological Works of Sigmund Freud*, eds. and trs. James Strachey et al. (London: Hogarth Press and Institute of Psycho-Analysis, 1953 [1913]).

Karl Abraham, *Dreams and Myths*, tr. William A. White (New York: Journal of Nervous and Mental Disease Publishing, 1913).

Rank, *The Myth of the Birth of the Hero*, 1st edn. Citations are from the reprint in Rank et al., *In Quest of the Hero*, pp. 3–86. See also Rank's even more *Oedipal The Incest Theme in Literature and Language*, 1st edn., tr. Gregory Richter (Baltimore: Johns Hopkins University Press, 1992). See also Rank and Hanns Sachs, *The Significance of Psychoanalysis for the Mental Sciences*, tr. Charles R. Payne (New York: Nervous and Mental Disease Publishing, 1913).

On male creation myths, see Alan Dundes, 'Earth-Driver: Creation of the Mythopoeic Male', *American Anthropologist*, 64 (1962): 1032–51.

Jacob A. Arlow, 'Ego Psychology and the Study of Mythology', *Journal of the American Psychoanalytic Association*, 9 (1961): 371–93.

Bruno Bettelheim, *The Uses of Enchantment* (New York: Vintage Books, 1977 [1976]).

Géza Róheim, 'Psycho-Analysis and the Folk-Tale', *International Journal of Psycho-Analysis*, 3 (1922): 180–6; 'Myth and Folk-Tale', American Imago, 2 (1941): 266–79; *The Riddle of the Sphinx*, tr. R. Money-Kyrle (New York: Harper Torchbooks, 1974 [1934]); *Fire in the Dragon and Other Psychoanalytic Essays on Folklore*, ed. Alan Dundes (Princeton, NJ: Princeton University Press, 1992).

Alan Dundes, *Analytic Essays in Folklore* (The Hague: Mouton, 1975); *Interpreting Folklore* (Bloomington: Indiana University Press, 1980); *Parsing through Customs* (Madison: University of Wisconsin Press, 1987); *Folklore Matters* (Knoxville: University of Tennessee Press, 1989); *The Meaning of Folklore*, ed. Simon J. Bronner (Logan: Utah State University Press, 2007).

On creation myths, see Erich Neumann, *The Origins and History of Consciousness*, tr. R. F. C. Hull (Princeton, NJ: Princeton University Press, 1970 [1954]); Marie-Louise von Franz, *Creation Myths*, rev. edn. (Boston: Shambhala, 1995 [1st edn. (entitled *Patterns of Creativity Mirrored in Creation Myths*) 1972]).

Campbell, *The Hero with a Thousand Faces*. Citations are from the second edition (Princeton, NJ: Princeton University Press, 1968).

On Adonis, see especially C. G. Jung, *Symbols of Transformation*, Collected Works of C. G. Jung, eds. Sir Herbert Read et al., trs. R. F. C. Hull et al., V, 2nd edn. (Princeton, NJ: Princeton University Press, 1967 [1956]), pp. 219, 223 n. 32, 258–9, 343 n. 79.

On the archetype of the puer aeternus, see especially Jung, *Symbols of Transformation*, pp. 257–9, 340; 'Psychological Aspects of the Mother Archetype', in *The Archetypes and the Collective Unconscious*, Collected Works, IX, Part 1, 2nd edn. (Princeton, NJ: Princeton University Press, 1968 [1959]), p. 106; Marie-Louise von Franz, *Puer aeternus*, 2nd edn. (Santa Monica, CA: Sigo, 1981 [1st edn. 1970]).

On the archetype of the Great Mother, see especially Jung, 'Psychological Aspects of the Mother Archetype', pp. 75–110; *Symbols of Transformation*, pp. 207–444.

Chapter 7: Myth and structure

Claude Lévi-Strauss, 'The Structural Study of Myth', Journal of American Folklore, 68 (1955): 428–44, reprinted in *Myth: A Symposium*, ed. Thomas A. Sebeok (Bloomington: Indiana University Press, 1958), paperback (1965); also reprinted, slightly revised, in Lévi-Strauss, *Structural*

Anthropology, trs. Claire Jacobson and Brooke Grundfest Schoepf (New York: Basic Books, 1963), chapter 11. Citations are from the Sebeok paperback.

Introduction to a *Science of Mythology*, trs. John and Doreen Weightman, 4 vols (New York: Harper & Row, 1969–81), paperback (New York: Harper Torchbooks, 1970–82). Citations are from the paperback. The volumes are individually named: *The Raw and the Cooked, From Honey to Ashes, The Origin of Table Manners, and The Naked Man.* 'The Study of Asdiwal', tr. Nicholas Mann, in *The Structural Study of Myth and Totemism*, ed. Edmund Leach (London: Tavistock, 1967), pp. 1–47. André Akoun et al., 'A Conversation with Claude Lévi-Strauss'.

On Lévi-Strauss' myth-ritualism, see 'The Structural Study of Myth'; 'Structure and Dialectics', in his *Structural Anthropology*, chapter 12; 'Comparative Religions of Nonliterate Peoples', in his *Structural Anthropology*, II, tr. Monique Layton (New York: Basic Books, 1976), chapter 5.

Vladimir Propp, *Morphology of the Folktale*; Georges Dumézil, *Archaic Roman Religion*, tr. Philip Krapp, 2 vols (Chicago: University of Chicago Press, 1970).

Jean-Pierre Vernant, *Myth and Thought among the Greeks*, tr. not given (London and Boston: Routledge & Kegan Paul, 1983); Vernant and Pierre Vidal-Naquet, *Myth and Tragedy in Ancient Greece*, tr. Janet Lloyd (Brighton: Harvester Press, 1981); Nicole Loraux, *The Invention of Athens*, tr. Alan Sheridan (Cambridge, MA: Harvard University Press, 1987).

Marcel Detienne, *The Gardens of Adonis*, tr. Janet Lloyd (Hassock: Harvester Press; Atlantic Highlands, NJ: Humanities Press, 1977).

Chapter 8: Myth and politics

For the extreme view that all myths are political, see Robert Ellwood, *The Politics of Myth* (Albany: State University of New York Press, 1999); Bruce Lincoln, *Theorizing Myth* (Chicago: University of Chicago Press, 2000).

Malinowski, 'Myth in Primitive Psychology'.

Georges A. Sorel, *Reflections on Violence*, trs. T. E. Hulme and J. Roth (New York: Collier Books; London: Collier-Macmillan, 1961 [1950]).

Stefan Arvidsson, *Aryan Idols*, tr. Sonia Wichmann (Chicago: University of Chicago Press, 2006 [2000]).

On national myths, see Henry Nash Smith, *Virgin Land* (Cambridge, MA: Harvard University Press, 1950); Richard T. Hughes, *Myths America Lives By* (Urbana: University of Illinois Press, 2004); George S. Williamson, *The Longing for Myth in Germany* (Chicago: University of Chicago Press, 2004); Geoffrey Hosking and George Schöpflin, eds., *Myths and Nationhood* (London: Hurst, 1997).

On myth and ideology, see Ben Halpern, ' "Myth" and "Ideology" in Modern Usage', *History and Theory*, 1 (1961): 129–49; Christopher G. Flood, Political Myth (New York: Routledge, 2001 [1996]).

Ernst Cassirer, *The Myth of the State* (New Haven, CT: Yale University Press, 1946); *Symbol, Myth, and Culture*, ed. Donald Phillip Verene (New Haven, CT: Yale University Press, 1979), pp. 219–67.

Dumézil, *Archaic Roman Religion*; Mitra-Varuna, tr. Derek Cottman (New York: Zone Books, 1988 [1948]); *Gods of the Ancient Northmen*, ed. Einar Haigen (Berkeley: University of California, 1973 [1959]).

Girard, *Violence and the Sacred*.

On matriarchy in Greece and elsewhere, see, classically, J. J. Bachofen, *Myth, Religion, and Mother Right*, tr. Ralph Manheim (Princeton, NJ: Princeton University Press, 1967).

Herodotus, *The Histories*, tr. Aubrey de Sélincourt, rev. and ed. A. R. Burn (Harmondsworth: Penguin, 1972 [1954]).

Aristotle, *Constitution of Athens and Related Texts*, trs. Kurt von Fritz and Ernst Kapp (New York: Hafner Press, 1974 [1950]).

Pierre Vidal-Naquet, 'The Black Hunter and the Origin of the Athenian Ephebeia', in *Myth, Religion and Society*, ed. R. L. Gordon (Cambridge: Cambridge University Press, 1981), pp. 147–62. Conclusion: bringing myth back to the world James Lovelock, *Gaia: A New Look at Life on Earth* (Oxford and New York: Oxford University Press, 1979); reprinted with new preface (2000); *The Ages of Gaia* (1988 [2nd edn. 1995]); *Gaia: Medicine for an Ailing Planet*, rev. edn. (London: Gaia Books, 2005) [1st edn. 1991]); *The Revenge of Gaia* (London: Penguin Books, 2007 [2006]).